AF480658

ARTURO MEJÍA NIETO

RELATOS NATIVOS

ERANDIQUE
COLECCIÓN

RELATOS NATIVOS
ARTURO MEJÍA NIETO

Primera Edición
Tegucigalpa, Honduras—Marzo de 2026

ÍNDICE

ARTURO MEJÍA NIETO, HONDUREÑO EXCEPCIONAL

Por Livio Ramírez/Poeta hondureño

Arturo Mejía Nieto tiene un lugar de primera importancia en el pensamiento y la literatura hondureña del siglo XX. Paradójicamente su obra narrativa y ensayística es casi desconocida por las actuales generaciones. Residió en los Estados Unidos de América, donde se formó académicamente, Paraguay y Argentina, país este último donde publicó la mayor parte de su trabajo caracterizado por un constante y ejemplar proceso de superación. Su actividad destacada en el periodismo argentino de alto nivel es indiscutible: fue columnista del gran diario "La Nación" de Buenos Aires.

En 1938 su libro "El perfil americano", un conjunto sistemático de ensayos sociológicos en sentido amplio fue considerado "el libro del mes" por el PEN Club de la capital argentina, cuando la producción bibliográfica, torrentosa en calidad y cantidad, era quizá la más importante a nivel continental.

Como es evidente, Arturo Mejía Nieto supo vincularse al quehacer intelectual y artístico argentino sin perder su fuerte identidad de creador hondureño.

De su extenso trabajo publicado son destacables "Relatos nativos"[1], "Zapatos viejos", "El solterón", "El prófugo de sí mismo", "El Chele Amaya y otros cuentos", "El perfil americano", "Liberación", "El pecador", "Tres ensayos", y "Morazán". Los títulos citados comprenden el cuento, la novela, el ensayo teórico y la biografía analítica.

Exceptuando el lúcido ejercicio biográfico titulado "Morazán", la mayoría de sus libros están agotados. Es más que urgente reeditarlos para que su autor pueda salir de la indiferencia kafkiana y el olvido

---

[1] El libro fue publicado en 1929.

calculado, dos componentes archimiserables del aldeanismo cultural que nos agobia.

Cabe destacar el extraordinario esfuerzo de Óscar Acosta, el antólogo del siglo XX, quien publicó los cuentos completos de Arturo Mejía Nieto en el año de 1998. Súmese a esto una modesta labor de difusión del Ministerio de Cultura durante dos gestiones, en las que tengo participación.

Mejía Nieto poseía una cultura extraordinaria, para comprobarlo los escépticos y las figuras pedestres del patio, que se han inventado el cuento del reciente prestigio internacional de la literatura hondureña, sólo tienen que leer algunas opiniones de rango continental y sus propios ensayos: "Estructura del cuento corto y sus leyes", "Hemingway, influencia y fascinación de su estilo", "Miseria y grandeza del cuento corto" y "Razón de ser del teatro", en ensayo incontestablemente filosófico.

Para medir nuestra barbarie cultural es necesario recordar los juicios laudatorios que en torno a su obra escribieron pensadores y maestros continentales como Alfonso Reyes y José Vasconcelos, quien afirmó que "El prófugo de sí mismo" era una de las mejores novelas contemporáneas de América.

Gabriela Mistral, Premio Nóbel de Literatura, expresó a Mejía Nieto estos trascendentales conceptos: "Me ha llegado su trabajo. Es de las cosas que más agradezco, esta lectura que me aclara, me establece y me define muchas ideas respecto a nuestra América. Y las generaciones que viviremos en este puente trágico de la transición estamos perdidas. Lo peor será servir de puente vivo, de puente de carne por donde pasarán las que llegarán. ¡Ah, y qué lucidamente ve usted esto, Mejía Nieto! Respetos y afectos de Gabriela Mistral"..

A un hombre de esta condición lo tenemos condenado al desprecio objetivo. Sobran los comentarios.

No es inoportuno recordar que en Buenos Aires se creó un concurso anual de cuento que lleva el nombre de nuestro compatriota, en un merecido homenaje a su memoria. Y aquí en su país, fuera de los citados, ¿qué se ha hecho? Lógicamente muy poco, lógicamente casi nada. Preguntémonos, entonces, cuándo se saldará esa vergonzosa deuda pendiente.

TIEMPOS VIEJOS

I

Las tías Paz vivían en una casa de la esquina. Una de ellas, Micaela, pasaba muy enferma, y cuando Carlos Nufio llegaba le contaba mentiras. Ella le decía que había salido a su padre, don Pedro, que había muerto asesinado cuando los liberales se tomaron el pueblo. Carlos llegaba porque ahí, al través de la cerca de la casa vecina, podía ver a María Fuentes. Carlos estaba enamorado de María y el papá de ella no lo quería por el modo despilfarrado de él. En aquellos tiempos llamaban despilfarrado a la gente alegre. Es verdad, Carlos no tenía dinero, pero tenía tan noble fondo y sobre todo era tan bien parecido que todas las mujeres se enamoraban de él. De Carlos no se podría hablar sin recordar que murió un poco joven. Pobre, era bueno. Es cierto, yo lo quise mucho y podría suponerse que esto contribuya a que yo me exprese bien de él, pero cualquiera vería que es cierto lo que estoy diciendo. Simón Reyes, un gran enemigo de Carlos, habló, pronunció un elogioso discurso en la muerte de él. Se me vienen tantos recuerdos cuando pienso en Carlos; ahora, aquí, lejos de aquellos tiempos y del pueblecito tan atrasado, pero tan querido de mi corazón. La vida de aquel tiempo realmente que era llena de risas y de lágrimas. Era vida, efectivamente porque así debe ser la vida. Aquí voy a poner, sinceramente y claramente, por qué dije que Carlos tenía buen corazón y voy a decir también los motivos ridículos con que Carlos hacía reír a todos.

Una muchacha muy bonita que murió joven fue la novia que duró más con él. Se llamaba Carlota, era de una familia Pineda. El amor de ellos tenía que ser así, se conocieron en la escuela mixta y se quisieron muchísimo cuando Carlos era un muchachón. Esta escuela mixta sólo pudo funcionar aquel año, pues la pobre maestra pronto se dio cuenta de que no podía tener muchachos y muchachas en la misma escuela. Pero lo interesante es que la maestra, que era una muchacha Fiallos, muy joven, parecía, por ciertos actos suyos, que sentía atracción por Carlos, que era el muchacho más grande de la escuela. Él no se fijaba nunca en eso, pero Carlota, la novia, con esa intuición precoz de las mujeres en asuntos de amor, lo adivinó luego y empezó a sentir odio por la maestra. Los dos, Carlos y Carlota, se sentaban juntos, estudiaban las lecciones juntos, y cuando Carlos no llevaba los ejercicios de aritmética, la señorita Fiallos le decía: "Ud., tan tamaño muchacho, con tan buena presencia, pero tan haragán, Carlos". Él sonreía con su risa simpática, poniéndose de cierto modo ruborizado. Pero Carlota lo tomaba en serio y contestaba por Carlos: "Muchos otros tampoco trajeron la lección, señorita Fiallos..."

—Cállese, Carlota—decía la maestra—, el asunto no tiene importancia. Pero Carlota, con la frase de la maestra: "tan buena presencia", quedaba llena de celos; pero la parte seria de esto tomó lugar hasta que un día, la maestra, que sólo tenía 21 años, le dijo a Carlos que llegara a la casa de ella para explicarle un problema de aritmética que Carlos no podía entender. Carlos sólo era un muchacho tremendamente desarrollado que no ponía mucha atención a las mujeres. Ella había visto que Carlos era un muchacho bien parecido, pero esta vez debió haber notado que antes que todo, era un niño que le gustaba la broma y nada más que eso. El pueblo era pequeñito, además, y casi no había hombres. La maestra era joven y bonita. Como se ve claramente, el alumno fue a ver a la maestra y eso, desde luego, en otra parte no hubiese llamado la atención. Pero es el caso que en ese año había entrado a la escuela un muchacho tan grande como Carlos, pero bastante vulgar y muy enamorado de las mujeres. Desde que éste llegó a la escuela, la vida de él con la de Carlos corrió a la par como dos líneas paralelas. Eran iguales en tamaño y opuestos en lo demás.

Este muchacho, cuyo nombre era Agustín, tenía tendencias a enamorarse de todas las mujeres que encontraba cerca. El, por vengarse, supo que Carlos había ido a ver a la maestra y se lo contó a Carlota, pues él, Agustín, también estaba enamorado de Carlota y tenía celos de Carlos. Carlota, en la condición neurótica y enfermiza en que ya se encontraba por ese tiempo, se indignó muchísimo con Carlos, a quien efectivamente amaba. Llegó al grado de abandonar muy pronto la escuela y seguramente fue la última vez que lo vio, pues en ese tiempo se la trajeron a la capital para que la asistiera un médico y aquí murió. Pero Carlos no supo nunca el cuento que Agustín le había levantado con motivo de la visita a la casa de la maestra.

Cuando Carlota se hubo ido, Agustín muy luego adivinó las preferencias de la maestra por Carlos, y entonces se le ocurrió —advirtiendo que la maestra era más bonita que todas las alumnas— que él debería enamorarse de ella. Nuevamente sintió celos y odio por Carlos.

Ahí tuvieron principio las vidas opuestas de los dos muchachos más grandes de la escuela, a quienes los otros alumnos deseaban, con gran deseo, verlos pelearse. Carlos no daba ninguna importancia a su compañero, pero el otro lo buscaba en clase o en recreo y así el choque llegó a ser inevitable. La maestra inmediatamente adivinó las intenciones de Agustín para ella y principió a odiar al alumno. Primero se le ocurrió que él abandonara la escuela. Hizo algunos esfuerzos para que Agustín dejara la escuela, pero no lo consiguió. La única esperanza de la señorita Fiallos era Carlos, el muchacho más grande de la escuela. Ya ella le había dicho a Carlos que se pusiera en guardia cuando Agustín le faltara al respeto a ella.

Carlos le había ofrecido estrellarlo sobre el piso tarde o temprano. Como se ve, pues, ambos rivales hacía mucho tiempo que esperaban un pretexto.

Ella, la maestra, había andado con mucho pulso por muchísimo tiempo para no dar motivo a que los dos muchachos se pelearan. Pero, a pesar de sus buenas intenciones, ella fue la que dio el motivo. Carlos, como de costumbre, dijo alguna broma que hizo reír a toda la clase. Naturalmente todos rieron y en cuenta el mismo Agustín, a pesar de su odio para Carlos, celebró con escándalo. La maestra inmediatamente le ordenó que saliera del aula. Agustín preguntó que por qué no sacaban del aula a Carlos, el promotor del escándalo, pero no tuvo respuesta. Y entonces se dijo él, Agustín, "me haré justicia yo solo, este es el momento que yo esperaba". Era de verdad este motivo lo que él buscaba para poder vengarse; por otra parte, él tuvo más celos de su rival, pues efectivamente no se había dado cuenta hasta esta fecha de que la maestra era efectivamente bonita. Esa mañana, al no más salir Carlos de la escuela y perderse entre los arbustos vecinos en compañía de muchos compañeros, súbitamente y sin oír palabra alguna, sintió un fuerte golpe en la cabeza que lo debilitó y lo llevó al suelo. Pero no fue sólo aquello, pues tan pronto como cayó siguió sintiendo otros y otros fuertes golpes en la cabeza. Carlos pensó en levantarse para poder defenderse, pero su enemigo, que era Agustín, no le dio ninguna oportunidad y la sangre tuvo que brotar de todas partes del cuerpo. Esa era la cólera vengativa que Agustín había contenido por mucho tiempo. Ahora por fin era como la fiera libre. Pero cosa rara, no fue Carlos sino el mismo Agustín quien recibió la peor parte. Mientras Carlos sufría en medio de las risas de sus compañeros sin que nadie interviniera, logró por fin agarrar el pie izquierdo de su enemigo y tirar de él. Agustín, naturalmente, cayó, con tan mala suerte que un ojo suyo dio sobre una piedra. Esto lo llevó a la cama durante un mes. De allí lo llevaron los compañeros a la cama de enfermo sin conocimiento.

La maestra tenía el cuidado de mandar a Carlos a ver a su enemigo en su lecho de enfermo y pedirle perdón. Para estar segura que él hacía esto, ella iba con Carlos. Todas las noches permanecían por algún tiempo los dos al lado de la cama de Agustín. Este los recibía con descortesía y no ocultaba el mal efecto que la presencia de ellos le producía. Cuando se despedían, Carlos se iba a dejar a la maestra a su casa, seguramente fue ahí donde Carlos principió a fijarse en ella. Esto pudo haber sucedido porque ella le decía que entrara a la salita y, aunque no lo hacía ella siempre, Carlos entraba y cuando no tocaban en el fonógrafo, ella le leía poemas de Rubén Darío, que, con la dulzura de la voz de ella y la intensidad del poema, debieron de producir fuerte efecto en la sensibilidad de Carlos. Siendo tan joven Carlos, tan inexperto, con aquellas horas de un placer que él gozaba, pero no entendía, sintió en su corazón gratitud. En la gente joven, la gratitud se vuelve amor absoluto. Pero a pesar de todo, siguió siendo el alumno respetuoso y ella la maestra que se hace respetar.

II

Ya era Carlos muy grande para permanecer en la pequeña escuela y en ese año se retiró para siempre. Y entonces se dedicó como todo un hombre a servir como agente viajero en ciertos negocios de su padre. Durante ese largo período sucedió una cosa muy extraña.

Carlos se tomó la libertad de escribirle muy repetidas veces a su maestra, pero nunca recibió contestación. Seguramente ella comprendió entonces que había llegado una oportunidad para no alimentar ninguna esperanza en él.

En sus andanzas de agente viajero, llegó Carlos a arreglar cierto negocio en el que gastaría meses en el pueblo natal de su rival Agustín Peña. Esto sucedía tres años después de su vida de estudiante. Tuvo la suerte de hospedarse en casa de una buena señora de quien se captó Carlos, muchísimo afecto en el tiempo que él permaneció allí. Aquí precisamente principia una nueva e interesante faz en la vida de Carlos Nufio. Esto culmina en los sucesos que moldean definitivamente la vida de un hombre, porque Carlos ya era un hombre por ese tiempo, y obraba y pensaba como un hombrón completo y no como el muchacho inocente de escuela que había sido. Como dijimos en un principio, Carlos se caracterizó por el buen fondo en todos los actos de su vida. En este pueblecito humilde se captó con una facilidad admirable las simpatías de todos los habitantes. El origen de esa simpatía de la gente para él, principió de una manera interesante. Había en ese pueblo un cacique, como los hay siempre en los pueblos. Pero éste no era un cacique que se imponía con su fuerza, sino cacique que se hacía odiar con su dinero, pero que también se imponía, el dinero siempre se impone...Rico, el único rico o el más rico del pueblo. Era un viejo de apellido Rubio, con acciones de judío. La misma señora en donde Carlos permanecía, recibía las injusticias del señor Rubio. Carlos se dio cuenta de esto hasta en cierta época en que tomaba su desayuno en el comedor. Era una mañana lluviosa de invierno y Carlos notó que el agua se metía por las goteras en el interior de la casa. Precisamente en el lugar en que él comía, caía el agua sobre la mesa. Carlos se indignó mucho y llamó a la señora. Ella, avergonzada, le dijo que la casa no le pertenecía y como era tan pobre solamente podía pagar la renta mensual, así como muchas gentes hacían. Carlos preguntó que de quién era.

— "Ah, de don Lupe Rubio, si es él, don Lupito, el que tiene más casas en el pueblo".

—"¿Y por qué no manda a componer la casa?"—le preguntó Carlos.

—"No quiere, no quiere, pero eso sí, cobra el mismo día que se acaba el mes"—contestó la señora.

Desde ese momento Carlos se hizo enemigo acérrimo del señor Guadalupe Rubio y por ese simple motivo se captó todo el cariño del pueblo. Ese mismo día fue a visitar al señor don Lupe Rubio, pero para mayores males tuvo una inesperada sorpresa: el Secretario o ayuda de cámara era nada menos que su antiguo rival Agustín Peña Ríos. Tuvo Carlos que abandonar la casa antes que don Lupe, que andaba en la calle, llegase. Pero el cariño de todos para Carlos llegó también a tomar raíz en un corazón femenino. La hija de la señora en donde vivía, una muchacha que se llamaba Rosa, principió a sentir una fuerte pasión por Carlos. Esto sucedía desde el día que Carlos había llegado a la casa. Carlos Nufio, como siempre, no era un don Juan que coqueteaba, sino que las muchachas lo buscaban por su buena figura. Tampoco en esta ocasión se dio cuenta hasta que cierta vez, mientras que arreglaba su valija, vio que la muchacha entraba a su cuarto con los ojos humedecidos, preguntándole que si ya se iba. Él, sorprendido, sonrió al principio y después no le habló. Le preguntó al fin que por qué le preguntaba eso, y entonces ella, muy confundida ante la sonrisa de él, bajó los ojos y no pudo hablar más.Rosa era una muchacha de esas muchas que no es fácil encontrar en estos tiempos. Se había criado en el campo y era ingenua. De Carlos Nufio estaba enamorada completamente hacía días. Carlos le preguntó:

—¿Por qué me pregunta que si me voy?

Ella le contestó:

—"Pues todos lo sentirían mucho, mi mamá Pancha y todos".

Carlos le repuso:

—"No me voy, no me voy. Estaba arreglando mi valija únicamente".

Y sin saber lo que hacía, con la emoción nerviosa tan propia de Carlos, la atrajo contra el pecho. Ahí tuvo principio todo. Rosa se sintió tan impresionada que se fue a su cuarto a lograr de emoción. Carlos también se impresionó y se fijó después que la muchacha tenía unos ojos hermosísimos y empezó a gustarle.

Cuando llegó el plazo de regreso, Carlos se sentía tan a gusto en el pueblo infeliz, rústico, en medio de aquellas gentes humildes; tan querido por todos, andando en las calles sin cuello, sin corbata y sin saco. Era un Adán en un paraíso. Y había llegado a convencerse de que sólo en esos pueblos, donde no hay exigencias sociales ni nada, es donde uno puede encontrar la felicidad. Él era feliz viviendo ahí, ordeñando las vacas a veces. Y cuando llegaba cansado después del ejercicio, se encontraba con los ojos cariñosos de Rosa. Ella le arreglaba la ropa, le ponía botones a los sacos viejos, le zurcía los escarpines. Carlos, que era un gran muchacho, simple, sin artificios, bueno como la leche, sincero, muy sincero, llegó a tener la idea rotunda de que él debería casarse con ella, de ser feliz para e11 resto de su vida. Aquí precisamente principia una primordial faz en la vida de Carlos. Se enamoró de la muchacha humilde porque ella estaba enamorada de él, por las bondades de su corazón, por la vida rústica y encantadora del pueblo. ¿Era él culpable? Nadie es culpable por buscar su felicidad. Su padre, don Pedro, que aún vivía, le preguntó que por qué había decidido casarse y Carlos le contestó que él no era culpable, que se iba a casar con Rosa y que estaba dispuesto a hacerlo sin ningún remordimiento. Y poco tiempo después se casó con ella. De nada valieron consejos y reprensiones de la madre y de las hermanas. Él dijo que se casaba y que saldría con su propia voluntad. Las hermanas —como el padre y la madre— como los tíos, tomaron una parte activísima para evitar el matrimonio. Amanda, la menor de las hermanas y la que le seguía a Carlos, vino al pueblo en compañía de don Pedro, el papá. Pero todos ellos, toda buena observación de ellos de nada sirvió.

Carlos estaba dispuesto a verificar su matrimonio y nadie hubiese podido evitarlo. Es verdad, Carlos no pertenecía a la más alta clase social, ni a la última clase, pero como hombre, él, Carlos valía mucho. Seguramente ninguna muchacha que lo conociese a fondo lo hubiese rechazado. Sus cualidades físicas —que fue lo más conocido en él— no eran más que un reflejo de sus méritos de hombre trabajador, sincero, noble, sin vicios, servicial, etc. Pero Agustín Peña, el rival de Carlos, no sólo había sido, en otro tiempo, admirador, sino que novio de Rosa. Y aquí, como se verá, la coincidencia volvió a ser inoportuna. Carlos y Agustín se encontraban otra vez, al parecer, de una manera mucho más comprometida. Además, Peña defendía los intereses del señor Rubio, que era enemigo de Carlos, y de este modo, una nueva guerra tomó lugar en el pueblo entre los dos antiguos rivales.

La noche en que el matrimonio de Carlos y su novia se verificaba, súbitamente cayeron en la casa en que habitaba Carlos, como cosa de veinticinco hombres, entre sirvientes y amigos de don Lupe Rubio. Unos con armas de fuego, otros con armas blancas. Don Lupe no andaba allí, pero Agustín Peña encabezaba. Carlos salió solo y desarmado. Entonces Peña se acercó y le dijo que no abusaría de la fuerza, pero que creía que era preferible para Carlos que se rindiera y los acompañara, pues de lo contrario él no sería responsable de lo que sus compañeros hicieran. Carlos, marcadamente enojado, quiso hablar, pero Agustín se acercó con impertinencia y le dijo:

"Mirá, Nufio, ningún hombre me ha hecho sufrir tanto en la vida como vos. Ninguno me ha escupido en la cara como vos, Carlos, y sin embargo, yo he buscado tu amistad en más de una vez. En este momento me quitás, me robás la última esperanza de mi pobre vida. Rosa no me quiere a mí, eso es cierto, pero yo la adoro y además, cuando ella y yo éramos niños, la casa de ella estaba al frente de la mía y entonces los dos nos queríamos muchísimo. Ella se olvidó de mí cuando vos veniste, pero yo no" ...

Pero el hombre que tiene amigos y simpatías en la gente de pueblo, jamás está solo. Mientras Agustín hablaba así, todos los que presenciaban el matrimonio se habían ido a armar y hasta muchos de los padrinos e invitados. Y ya se sabe que el pueblo todo fraternizaba con Carlos, tanto como odiaba a don Lupe Rubio. Súbitamente un disparo se oyó, y Agustín y los suyos buscaron a Carlos, pero aquél había huido. Y desde ese momento todos no hicieron más que buscar trincheras, que ellos de algún modo improvisaban y así, bajo la oscuridad de la noche esperaban el momento no menos oscuro de vencer o morir ahí. Carlos mismo peleó en ese fuego encarnizado, entre hombres, arrojando todo el odio, la pasión y profundo resentimiento contenido por muchos años, peleaban contra los otros hombres del pueblo no menos resentidos y llenos de venganza y odio. Mientras tanto, eso pasaba bajo la lluvia y la oscura noche. Los hombres peleaban contra las sombras. Aquel pueblecito jamás había visto un drama igual en su historia de resentimientos contenidos. Cuerpos llenos de sangre se veían caer. Los nombres de Carlos y don

Lupe Rubio saltaban de los labios como si hubiesen sido dos generales, jefes de opuestas fuerzas. Bajo la lluvia, contra las sombras, mientras las mujeres imploraban a sus maridos la prudencia que no existía, el fuego terrible, con sangre, con lodo, con espanto, con dolor, con olor a pólvora, con chispas de las balas como relámpagos, con ese horror de la guerra, seguía...

Y las mujeres rezando en los hogares, pidiendo a Dios para que aquel fuego terminara, suplicándole a los esposos la prudencia, el buen camino. Mas nadie hubiese podido dar por terminada aquella guerra de pasiones. Había llegado lo que habían esperado por muchos años. Había llegado la oportunidad de la venganza. Era el momento de la protesta; ya no serían esclavos de don Lupe Rubio; ya no serían humillados, vejados por el dinero del cacique. "¡Que muera don Lupe Rubio!", y de pronto allá casi al amanecer, cuando el fuego estaba para concluir, dos hombres, con el horrible deseo de la venganza, aparecieron de pronto con don Lupe Rubio, amarrado de pies y manos. Y luego otros con Agustín Peña también amarrado de pies y manos.

"¡Ahórquenlos! ¡Métanlos en una hoguera! ¡Fusílenlos! ¡Ladrones! ¡Ahorquen a don Lupe Rubio en medio de la plaza! "Toda la gente, todo el pueblo iba a presenciar aquel acto inhumano cuando Carlos Nufio se presentó con un revólver en una mano y les dijo:

"La venganza es propia de los mediocres y vosotros, hijos del pueblo que, con vuestras propias manos habéis conquistado vuestros derechos, no debéis hacer eso. Basta de humillaciones para don Lupe. Él ha de jurar ante todos nosotros que de hoy en adelante ha de ser una unidad en el pueblo, que trabajará por el bien común".

Don Lupe Rubio aceptó lo que Carlos decía y después de jurar ante todos que sería bueno y que de hoy en adelante no robaría ni maltrataría a los vecinos, cobrándoles por rentas de casas y de tierras, dijo con lágrimas en los ojos de agradecimiento: "Propongo a todos que el joven don Carlos Nufio sea nuestro próximo alcalde".

Después todos, unánimemente, aceptaron la propuesta y Carlos, que en un principio trató de negarse, acabó por fin de aceptar. Y así dio fin la guerra y la boda se realizó. Poco tiempo después fue Carlos efectivamente electo alcalde de la ciudad y desde el día que tomó posesión, y ya como vecino del pueblo, una nueva era tomó lugar, una era de progreso en el pueblo. Ninguna Municipalidad hizo lo que aquélla durante el tiempo en que Carlos fue alcalde. Carlos se ufanaba de lo que hacía y los vecinos lo consideraban como enviado de Dios.

Principiaba Carlos su ocupación de alcalde cuando volvió a encontrarse con su antigua maestra, la señorita Fiallos. Esto pasó así:

Meses después de la guerra del pueblo contra don Lupe, cuando resolver el problema de educación se hacía más necesario y en el tiempo en que Carlos volvía a la ciudad, una de las mayores preocupaciones de Carlos era conseguir una maestra para la escuela primaria. Deseaba Carlos con viva ansiedad poder dar una buena educación a las nuevas generaciones a los hijos de los que lo habían acogido y habían sido sus protectores en el pueblo. Y entonces pasó un suceso interesante:

A Carlitos Nufio, un sobrinito que tenía allá, lo invitó para que le presentara su maestra. Carlitos lo llevó a la escuela. Es posible que Carlos no haya tenido conocimiento de la maestra de Carlitos que, por cierto, no era otra más que la antigua maestra de Carlos, la señorita Fiallos.

Cuando llegaron a la escuela y se encontraron con la señorita Fiallos, Carlos —entre sorprendido y preocupado—, agarrando el sombrero con nerviosidad, estiró la mano y dijo:

—Pero usted aquí?

—Sí, Carlos, esperando que usted vuelva a ser mi alumno.

—¿Yo?... Yo ya estoy muy viejo para ser su alumno. Pero hoy vengo a buscarla para que enseñe a otros lo que yo no aprendí.

—¿Y sabe una cosa? —le dijo ella riendo—. Carlitos es más estudioso que usted.

—¿No es extraño, ¿verdad? —le dijo él y bajó los ojos sin sonreír. Después ella—todavía muy joven—lo invitó a entrar y lo presentó a su esposo. Se había casado hacía dos años, muy bien, con un abogado de apellido Carbajal, y tenían un niñito de seis meses.

CARLOS MORRIS

A Morris lo conocí como agente de una casa vendedora de libros. Tendría Morris por aquel tiempo unos treinta años, usaba pera y bigote y ya se le notaban las canas y las arrugas prematuras que más tarde acabaron por darle la apariencia de un anciano. Era alto y un poco encorvado. Sonreía con frecuencia y era la suya una de esas sonrisas que pueden llamarse dones de Dios porque a través de aquella sonrisa se miraba su alma noble y candorosa. El origen extranjero de su apellido se apareaba con sus ojos azules. Era humilde y modesto en el vestir, pero resignado y sufrido en todas ocasiones. Parecía que no se preocupaba bastante por sus malas condiciones económicas, pues no empleaba sino lo muy necesario. Poca cosa, como podría decirse de una persona que no acostumbra lujos. Muy servicial y honrado, Morris era por todas estas razones un excelente amigo y tal vez hubiese sido buen padre y buen esposo.

Gustaba hospedarse muy a menudo en la casa de su buena amiga Dolores (Dolores por aquel tiempo era una muchachita de falda corta, que aún jugaba a las muñecas). Morris se la sentaba en las piernas, le refería historias divertidísimas y la hacía pasar ratos muy alegres. De lejos, cuando se ausentaba en sus andanzas de vendedor de libros, gustaba enviarle chucherías y cosas propias de los niños. La familia, que le tenía algún cariño, hacía siempre recuerdos suyos y de su inmenso afecto para Dolores. Pasaba algún tiempo y luego, cuando menos lo esperaban, Morris aparecía en la puerta un poco jadeante, pero siempre con su sonrisa noble y cariñosa. Era que venía a hospedarse por un par de días. Le decían entonces la mamá y las tías de Dolores que por qué no les había avisado de su regreso (ellas decían de su visita), que por qué deseaba darles semejantes sorpresas. Después le arreglaban el cuarto pequeñito con sus dos ventanas al jardín. Le servían el almuerzo y lo mandaban a que fuera a descansar de las fatigas del camino. Morris aceptaba las bondades de todas aquellas buenas señoras, pero antes sacaba algo, un paquete de dulces, una muñeca, cualquier cosa para la amiguita que ya se había subido a sus rodillas, pues sabía que algo bueno le traía entre aquellos libros arrugados que él no había podido vender. Luego se retiraba, se cambiaba el traje de camino, se afeitaba la barba, se dedicaba por una media hora a repasar las cuentas de su negocio, su Debe y su Haber, y por las noches se dirigía a la sala en donde permanecía largas veladas en compañía de la mamá y de las tías de Dolores. Todos sentados cerca de la estufa en las noches de frío. Tocaba piano, aunque no con habilidad, y de este modo alegraba un poco aquella casona tan desierta. Luego sacaba unos puros inmensos que solía traer de La Habana y se ponía a referirles las impresiones de sus viajes, con Dolores sobre las piernas. Así pasaban aquellas horas deliciosas con una velocidad asombrosa. Gustaba subrayar algunas de sus historias más divertidas con aquella su risa simpática, mostrando a la vez sus bellos dientes blancos; después quedaba serio acariciándose la barba rubia como recordando un nuevo chiste con que hacer reír a la familia. Las tías de Dolores le escuchaban con atención, desde luego; y más de alguna le lanzaba una burla o una broma oportuna; él se defendía como podía, pedía "alguna cosa" en qué espolvorear la ceniza del puro y, sin moverse, con las piernas estiradas sobre el piso, continuaba con una nueva historia que aseguraba él mismo había presenciado. A Dolores, que acababa por quedarse dormida en las piernas de Morris, la tomaba la mamá o alguna de las tías, y la conducía al dormitorio. Si ella se despertaba al tiempo de llevársela, daba las buenas noches, pero con preferencia a Morris, acompañadas de un beso. Él agradecía aquella infantil preferencia y le ofrecía historias más divertidas para la noche siguiente.

Cuando le preguntaban a Morris que por qué no se casaba, que aún estaba joven y que sólo así podría ser feliz, con hogar y con familia, él sonreía tratando de evadir la respuesta y por último decía que las mujeres no lo querían o si no alguna otra cosa parecida.

Ellas, a solas decían que no, que aquello no era cierto, que Morris no se casaba porque no se lo permitía aquella vida de andariego que llevaba y acaso ni sus condiciones económicas, pero que él, Morris, tendría que ser un buen marido; tan honrado y trabajador como era; tan modesto y hombre de bien. Tan modesto en el traje, sobre todo; además, continuaban, Morris no es feo ni tonto.

Le preguntaban a veces que cuál de las muchachas de aquel tiempo le gustaba más. Que cuál prefería para formar su hogar. Que si preferiría esta o aquélla y le citaban nombres; Morris mordía el puro con nerviosidad y después contestaba que a él le gustaban todas las mujeres, pero que prefería la vida de soltero. "¿Qué va a ser de usted cuando envejezca?", le decían; Morris contestaba: "Pues no sé, ahora soy feliz así, pero lo demás lo ignoro".

Un día Morris se ausentó para no dejar huella tras de sí.

Al principio, como de costumbre, continuó enviando tarjetas postales para Dolores. Decía en ellas que luego volvería. Repitió los envíos. Estuvo repitiéndolos por algún tiempo, pero al fin se aburrió. Ya volverá, decían en la casa; cuando menos le esperemos, Morris va a aparecer en la puerta como de costumbre. Pero no, no volvía. A veces parecía que se oían los pasos de Morris, la voz de Morris, la risa, aquella su risa, pero no, no era él. Se hacían recuerdos suyos muy a menudo. ¿Se habría casado Morris, se habría hecho padre de familia?... ¿Se habría llenado de hijos?... y volvían a ver el retrato del salón, el retrato de Morris, con aquella su eterna sonrisa, su bigote rubio, etc. Se hacían recuerdos y más recuerdos, pero Morris no se volvió a asomar. Nadie, nadie daba cuenta de él. Ni una letra, nada. Los años pasaban y pasaban. ¡Cómo había cambiado todo! ¡Qué diferente!

Mientras tanto, Dolores era una señorita. Una señorita; diez y ocho años. Y ella no lo creía, ni la mamá, ni las tías. ¡No! Ella no podía ser la misma que Morris se sentaba en las piernas. ¿Cómo, en tan corto tiempo?, y sacaba el retratito, el otro, el de falda corta, aquel en que estaba sentada y con unas flores en la mano... ¡Qué diferencia! Hoy era alta y con ojos negros y grandes, sonrosada como la primavera, ¡tenía unas piernas que llamaban la atención de todos y sus mejillas eran más frescas que la epidermis del durazno!; ¡Cómo había cambiado todo! Y tenía novios, muchos, pero Dolores no era ni loca ni coqueta... Los novios de ahora, decía, sólo saben hacerse el nudo de la corbata. ¡Ninguno, ninguno! Y en eso no se parecía a las muchachas de su generación. Las otras sí, ella no. ¿Por qué era Dolores así? Decía que prefería un hombre, aunque pobre, pero trabajador y honrado. Ni siquiera gustaba de ir a bailes.

Así exactamente era Dolores, por el tiempo en que la familia se trasladó a vivir a la capital. Sin exageración ninguna: así era en sus gustos de mujer, en sus ideas, en su modo de vestir y hasta en su esquivez de muchacha. A Dolores la tenían todos como modelo; le decían a las otras muchachas jóvenes que aprendieran de Dolores; que Dolores era un tesoro y que no había otra más juiciosa que ella. Las otras contestaban que no; que Dolores era una muchacha con gustos de vieja y que ellas estaban jóvenes y que deseaban gozar. Dolores, que sabía esto, se reía y, como tenía un corazón de oro, no se disgustaba jamás.

En la capital tenía la mayor de las tías un amigo, un buen amigo que no las había olvidado. Aquí se vinieron pues, y el buen señor las recibió bien, las ayudó a buscar una casa humilde, pero cómoda, y así lograron arreglarse en el corto espacio de un mes. A Dolores, que le gustaba el trabajo, le buscó un puesto y ella no tuvo dificultad en principiar a ganar dinero. De este modo la familia luego quedó establecida y con los muebles, que poco a poco fueron adquiriendo, sin mayor dificultad lograron vivir confortablemente. Mientras tanto, Dolores se hizo de muchas amigas en el lugar donde trabajaba. Como ella era laboriosa, todos la querían y poco faltó para que al poco tiempo empezasen a recibir visitas en su propia casa. Sin embargo, ella era la misma de siempre: amable, cariñosa, buena, pero sin que hubiese hombre que le importase un comino. Por otro lado, las buenas tías de Dolores también tenían infinidad de amistades en la vecindad y era de este modo que constantemente recibían visitas. Esto generalmente pasaba todos los días, por las tardes y por las noches. Se debía también a que las buenas señoras con su conversación y nobles maneras se atraían a todo el que pasaba cerca.

En cierta época —como de costumbre— un hombre se acercó a la puerta de la casa. Era como hacían los amigos íntimos de la familia. Se acercó y después se mandó a anunciar con el sirviente. No dio su nombre. Ellas —ya populares como eran— ordenaron que lo condujesen al mismo dormitorio donde hacían oficios domésticos. Ya podráse imaginar la sorpresa cuando una de las tías, al levantar la vista, oyendo que la puerta se entreabría y que luego surgía un "buenas tardes", se encuentra nada menos que con el propio Morris en cuerpo y alma... "¡Morris! ¡Carlos Morris! ¡El gran amigo de Dolores!" El mismo Morris de antes, con su sonrisa simpática, pero la verdad no; no era el mismo. Había envejecido mucho, mucho. Parecía más encorvado; sonreía como siempre, pero hablaba poco, por la frente le caían grandes mechones de cabello cano. El traje parecía descuidado. Llevaba una cicatriz en la mano y sus grandes pupilas azules, como buscando por donde huir, miraban a través de la ventanita con tristeza contenida. Luego habló despacio y con dolor. Se había casado, pero no era feliz. Había trabajado mucho, mucho, pero no había hecho fortuna. Había recordado a Lolita, como él llamaba a Dolores siempre; le parecía mentira que cuando viera a Dolores (Dolores se encontraba en la calle) no pudiera reconocerla. ¿Le iba a parecer mentira que aquella muchachita que él se sentaba en las piernas fuera ahora una completa señorita?"; ¿Cómo la va a encontrar Morris?", le decía una de las tías. "Sospecharía volver a ver así a su amiguita?" Morris sonreía con tristeza volviendo la vista hacia la puerta como esperando volver a verla.

Nunca, sin duda, fue un hombre objeto de tal predilección de parte de una criatura. Morris lo recordaba todo y se quedaba en silencio. Lejos, en la eternidad todo aquello... De nuevo recordaba las largas veladas en aquella sala conocidísima. Los días inolvidables en que se hospedaba en casa de las tías de Dolores, todo, todo lo recordaba Morris con tristeza. Volvía la vista con frecuencia y luego callaba viendo a las tías de Dolores. Parecía que se arrepentía de la vida que había vivido. Se miraba con dolor y con tristeza las manos largas y huesudas. Su rostro manifestaba melancolía e impaciencia.

Por fin suplicó que le mostrasen un retrato de Dolores, pues tenía que tomar el camino a la costa norte esa tarde, y por esta razón, — ya no podría ver más a su antigua amiguita...

Aquella misma tarde se despidió Morris sin poder decir hasta cuándo volvería; probablemente no sería pronto —dijo al despedirse—, suplicando que le saludaran a Dolores.

Dolores recibió todas aquellas noticias con frialdad desconcertante. Más parecía que con cólera. Sin embargo, ese mismo día no quiso comer y por fin, tres días más tarde, poco más o menos, dispuso escribirle a Morris...

Fue una carta que la había pensado toda su vida. Cuando concluyó, se sintió feliz. Decía simplemente:

"Morris, muy mal hago en escribirle, mas no puedo resistirme. ¡Oh, amigo!, si supiera cuántas horas horribles he pensado en escribirle estas letras. Hoy, precisamente, en esta fecha, hace diez años que yo me dormía en sus brazos, amigo de toda mi vida, y si supiera cómo he pasado esos años... No, usted no podrá saberlo, ¿verdad, Morris, que usted no podrá saberlo?...".

Entre todos los buenos amigos míos, nunca, nunca he hallado lo que usted tiene. Morris, perdone mi franqueza. Yo tenía que decirle algún día... Sea feliz con su esposa que la imagino muy amante de sus hijos y muy digna de usted. Ojalá sea muy feliz y nunca, nunca olvide que en mí tiene una hija, una hermana, una amiga. Nunca se olvide que soy la misma Lolita a quien usted quería y le regalaba muñecas y juguetes hace muchos años...

Adiós, amigo de toda mi vida; me conformo con arreglar yo misma el retrato suyo que tenemos en el salón. Allí está como era: con sus ojos azules, su cabello rubio y su sonrisa de siempre que no he visto en los demás hombres...

Adiós, amigo inolvidable; piense por un momento siquiera que vuelvo a ser una niña de ocho años y que le vuelvo a besar la frente maltratada y que otra vez lo vuelvo a alegrar en sus momentos tristes.

¡Adiós, Morris; adiós, amigo mío, amigo de toda la vida, amigo de mi corazón, ¡adiós!"

TERESA

Por aquel tiempo, Teresa Cansinos vivía con su madre que se había vuelto a casar. (El marido de esta mujer era un tinterillo que le gustaba beber. La historia de él es triste, pero carece de importancia para relatarla aquí).

A los veintidós años, Teresa Cansinos era alta y sumamente delgada. Su cabeza alargada concordaba con su cuerpo. Sus hombros eran estrechos. Los cabellos y los ojos eran negros. Era muy quieta en su vida doméstica y tenía una expresión triste.

Cuando Teresa sólo era una muchacha de diez y seis años tuvo un asunto con un hombre. Este hombre se llamaba Fernández, barbero de oficio; iba a ver a Teresa todas las noches. Los dos caminaban por las tardes y atravesaban las calles del pueblo y hablaban de lo que ellos podrían hacer con sus vidas. Teresa era muchacha bonita y Fernández la tomó una vez en los brazos y la besó; luego se puso excitado y le dijo cosas que no pensaba decirle. Teresa, deseosa de sensaciones nuevas, aburrida de la vida monótona que llevaba, se sintió alegre y habló de todo. De su natural quietud y timidez se volvió conversadora al sentir las emociones del amor. Después, a fines de agosto, cuando Fernández le dijo que se iba a la capital a ver si hacía dinero, ella deseó irse con él. Con una voz temblorosa le dijo lo que pensaba decirle: "Tú vas a trabajar y yo también voy a hacer lo mismo; yo no quiero que gastes dinero en mí, tampoco tienes que casarte conmigo. Pasaremos bien sin eso y podremos vivir juntos, y aunque vivamos en la misma casa nadie va a saber nada".

Fernández estaba alegre con la determinación y abandono de su compañera. Al principio pensó hacer de ella su querida, pero después no le pareció bien. Trató de protegerla y tomar cuidado de ella. "Tú no sabes ni lo que hablas" —le dijo con cólera—. "Debes estar segura de que por nada en el mundo haría eso. Tan pronto como haga dinero voy a regresar aquí. Mientras tanto tú me esperas; esa es la única solución".

La víspera de la partida, Fernández muy preocupado fue a ver a Teresa; salieron cerca de la casa a hacer ejercicio porque la tarde estaba fresca. Después, con la noche tibia, vieron caer la luna, los dos se sentían tristes y emocionados. Pero Fernández al fin se olvidó de las resoluciones, de su conducta para con la mujer; caminaron entre las ruinas de una fábrica vieja de aguardiente y allí, entre la sombra, él se volvió apasionado con ella. Cuando los dos retornaron a la casa era muy tarde de la noche y se sentían nerviosos y alegres... Les parecía que ninguna cosa que pasara en el futuro podría empañar la felicidad de aquel momento. "Teresa mía, escríbeme siempre y no te olvides de mí, ni un momento" —le dijo él, besándola con apasionamiento...

Pero Fernández no triunfó fácilmente en conseguir trabajo, y esto a pesar de su buena voluntad. Por algún tiempo se sintió contrariado, y sólo tuvo tiempo para enviar cartas amorosas a Teresa. Después fue arrollado por la vida alegre, y encontró más interés en aquella vida. Vivía en una casa donde habitaban unas mujeres. Se enamoró de una y no se acordó más de Teresa. A fines del año se había cansado de escribirle y solamente de vez en cuando, cuando se encontraba triste o cuando iba fuera de la ciudad, o en las noches de luna, recordaba la despedida...

En el pueblo, solitariamente, Teresa empezaba a envejecer. Al cumplir los 22 años, su padre, dueño de una pequeña tienda, murió. Su madre entonces empezó a trabajar con constancia. Teresa también empezó a devengar dinero para sí misma: trabajaba haciendo costuras. Por un buen número de años nada pudo inducirla a que Fernández se había olvidado de ella. Se sentía contenta de tener ocupación porque en las largas horas de trabajo lograba olvidar su vida fastidiosa. Principió a economizar dinero, pensando que cuando hubiese ahorrado lo suficiente ella misma podría ir a buscarlo.

Teresa no culpaba a Fernández por lo que había pasado la noche víspera de su despedida; pero creía que ya no se podía casar con otro hombre. A ella, el pensamiento de darle a otro lo que sentía que era para Fernández, le parecía monstruoso. Cuando otros hombres trataran de atraer su atención, ella nada tendría que hacer con ellos. "Yo soy su esposa y viviré como tal, venga o no venga", se murmuraba ella misma, y debido a la avaricia y pureza de su amor no podía comprender la condición independiente y absoluta de él.

Teresa trabajaba sin darse cuenta; trabajaba con una constancia nerviosa. Desde las seis de la mañana hasta las seis de la tarde, sentada junto a la ventana, pasaba el día cosiendo. De vez en cuando, con el recuerdo de Fernández, volvía los ojos nublados. Cuando en las noches se dirigía a dormir a su cuarto, generalmente se arrodillaba a rezar junto a su cama y en el rezo decía palabras amorosas que ella pensaba decir algún día a Fernández. Se volvía atraída por los objetos inanimados y gustaba acariciarlos con el recuerdo de él. El pensamiento de economizar dinero había llegado a ser un delirio y principal objeto de su vida. Cuando necesitaba vestidos no los compraba, no gastaba un centavo siquiera. Cuando en los días lluviosos de invierno se pasaba en la ventana, le gustaba sacar el dinero y contarlo, haciéndose la ilusión de que el interés de aquella suma podría soportar a ella y a él. A Fernández le gustaba viajar, se decía: "Yo le voy a ayudar a conseguir el dinero. Algún día, cuando nos casemos y podamos juntarlo todo, entonces vamos a poder viajar por cualquier parte del mundo". Junto a la ventana los días se hacían meses y los meses se hacían años, mientras Teresa esperaba el retorno de su amante. Su madre, una mujer seria y trabajadora, no era dada a conversaciones con ella y algunas veces, en los días lluviosos del invierno cuando alguna tempestad caía en el pueblo, Teresa se iba a acostar a su dormitorio. Hacía recuerdos de la despedida de Fernández y no se olvidaba de nada. Las lágrimas caían de sus ojos. Había un gran silencio alrededor de la cama. Algunas veces, cuando su madre salía a la calle, ella bajaba a la cocina y, mientras preparaba su cena, sentía gran placer en llorar sin ser oída. "¡Oh, amor mío, si volvieras!", decía con voz dolorosa.

Algunos años después de la partida de Fernández, Teresa no quiso ir con las amigas a hacer ejercicio como acostumbraba. Pero cuando la tristeza y aburrimiento fueron mayores, se preparó para salir, sola, una tarde. Encontró gran placer en ver desde allá el pueblo y los afanes en los hogares de las orillas; luego, suponiéndose débil, sintió un miedo de su edad y su imposibilidad que le penetraba cruelmente hasta el corazón. No podía permanecer quieta más tiempo y se levantó para andar.

Cuando volvió la vista para ver a larga distancia, quizá la visión de las cosas lejanas la hizo pensar en los años transcurridos sin éxito. Por la primera vez pensó que su belleza y frescura la habían abandonado. No quiso culpar a Fernández y trató de no culpar a nadie, ni a ella misma. Quiso olvidarlo todo y no pudo. Se volvió a sentar inconscientemente y trató de silbar, luego quiso cantar; pero finalmente, en vez de esto, palabras de protesta salieron de sus labios. "Él no vuelve, estoy segura, ya no voy a encontrar felicidad, ¿para qué me engaño yo misma?" Y empezó a llorar y a llorar con angustia. Luego, como arrepentida, se paró y empezó a descender la colina con gesto de mal humor.

Por el tiempo en que Teresa cumplía sus 25 años, dos cosas vinieron a interrumpir la vida monótona que llevaba. Su madre se casó en esta época con el tinterillo, hombre amable pero vicioso. El matrimonio de su madre había estimulado en Teresa el deseo de casarse. "Me estoy volviendo vieja y colérica; si Fernández vuelve ya no me va a querer por este modo que tengo", se decía en silencio; luego andaba de un lado a otro sin saber con certeza qué era lo que deseaba. Había días en que cambiaba de genio y entonces pensaba en que otro hombre vendría pronto. Principió a ir a la iglesia y con el diario ejercicio se sentía llena de vigor y de optimismo.

Un señor de apellido Arriaga principió a caminar con ella todas las mañanas a la iglesia; Teresa no protestó a pesar de la mala presentación de su compañero. "Yo no me casaría con él, está claro, —se decía ella a solas— pero así lo pasaré más a gusto y hasta lo recibiré cuando venga a verme". Mientras tanto todavía pensaba en Fernández.

Teresa, sin darse cuenta de lo que hacía, estaba tratando febrilmente de tener una sensación fuerte que viniera a cambiar su vida. Al lado del señor Arriaga caminaba en silencio; pero a hurtadillas se acercaba hasta rozar con su cuerpo el brazo de él. Cuando él se despedía, ella lo contemplaba por mucho rato. Hubiese querido rogarle que entrara a la sala y que la hiciera olvidar aquellas horas tristes que pasaba sin compañía. "No es porque él me guste", se decía, "es que yo necesito alguien que esté conmigo, estoy muy sola en este mundo, Dios mío, quiero alguien", y empezaba a llorar con amargura.

Durante la temprana llegada de los 27 un insomnio continuo y ternura enfermiza tomó posesión de Teresa; no sintió más alegría en caminar con el señor Arriaga y cuando lo miraba en la calle cambiaba de dirección. Su cerebro se volvió intensamente activo, al grado de no poder conciliar el sueño debido a las largas horas de imaginación gastadas. Allí en su dormitorio con ojos alucinados auscultaba en la oscuridad. Su imaginación andaba de uno al otro lado del cuarto. Reconcentrada en sí misma, empezaba a sentir, después de desesperarse, un cansancio adormecedor. Gustaba Teresa de tomar una almohada y desempeñar el deseo de sus energías en apretarla fuertemente contra sus pechos. Una noche se levantó y se arrodilló junto a la cama para derramar lágrimas en la oscuridad. ¿Por qué me dejan?, se decía en voz baja. Entonces empezó a comprender que había una cosa vaga en su interior porque el recuerdo de Fernández ya no le interesaba mucho.

Y una noche, mientras una lluvia torrencial caía, Teresa tuvo una aventura. Este pasaje la sacudió y la confundió fuertemente. Había regresado Teresa de noche y había encontrado la casa vacía. Su padrastro había ido a jugar billar como de costumbre y su madre a hacer una visita a una casa vecina. Teresa se dirigió al último cuarto que era donde ella dormía. Se desnudó en la oscuridad y luego se metió en la cama.

Por un momento arrimó el oído junto a la ventana hasta percibir el monótono ruido de la lluvia cayendo, de este modo, en el silencio profundo, un extraño deseo tomó posesión de ella. Sin detenerse a pensar qué era lo que deseaba, como trastornada, se dirigió afuera en traje de dormir, atravesó los cuartos oscuros hasta ir a tocar el agua. Luego cuando sintió la caricia helada de la lluvia sobre sus hombros desnudos, un deseo muy extraño corrió por su cuerpo. Pensó ingenuamente en que las gotas de agua tendrían un creador y maravilloso poder sobre su cuerpo.

Desde hacía años no sentía tanta energía y entusiasmo en sus débiles y pálidos miembros. Deseaba saltar y correr. Gritar fuertemente; encontrar a otro ser y abrazarlo.

De pronto, en la esquina oscura de la calle, un hombre se movió y ella lo notó al momento. Temerosa dio dos pasos y se paró:

"¿Quién será? ¿Quién es?", se preguntó ella misma con curiosidad. "¿Quién e...res? ¡Espérame! ...", y, se tapó la boca con las dos manos profundamente avergonzada de lo que había dicho. El grito tembloroso de su voz ahogada se perdió sin eco bajo la oscura noche. El hombre de la esquina volvió la vista sorprendida. Era un hombre avejentado y parecía no oír bien. Creyó que no era con él y empezó a caminar despacio por la calle solitaria.

Teresa estuvo tan avergonzada del grito que había dado que mucho tiempo después que el hombre se había ido, no osó aun mover siquiera las rodillas. Cuando entró en su cuarto sentía tanto arrepentimiento, temor y miedo que cerró la puerta fuertemente y sobre ella arrimó la mesa del comedor.

Su cuerpo temblaba nerviosamente, como el de un niño. Cuando se hubo metido en la cama enterró su rostro en las almohadas y principió a llorar amargamente...

LA MUERTA

El hombre anciano de la silla pedía al cielo que aquellas gentes estuviesen lejos de él. Había estado allí por muchas horas, meditando hasta que la cabeza le daba vueltas. Deseaba concentrar sus pensamientos, pero comprendía que le era imposible. Las cinco candelas de la cabecera de la cama le distraían, pero se alegraba más cuando la figura de alguno de los invitados interceptaba la luz. También se distraía con las sillas alrededor del cuarto, como centinelas en guardia y la pequeña mesa cerca de la ventana con el crucifijo y las botellas de aguardiente. Deseaba pensar en la muerta perdida en la inmensidad de aquella cama de roble. Él la había estado mirando con extraña sospecha y tristeza desde temprano de la mañana. Se ponía nervioso cada vez que se encontraba con el traje negro, las sienes pálidas y el estado inmóvil del cadáver. Inconscientemente se movía impelido por una profunda piedad. Al fin, alguien le tocó el brazo: ¡José Ramón! (el que le hablaba era Cancio, un vecino que había celebrado su matrimonio).

—¡José Ramón!

—¿Qué es?

—¡Dicen que Cabarga anda en el pueblo!...

—¿Y eso qué importa?

—¡Creí que lo mejor era decírtelo!...

Cancio esperó un momento; después salió en puntillas, como lo hacían todos, sus movimientos parecían los gestos de un juguete automático. Pasado un momento se oyeron unos pasos; luego, una risa dura y altisonante (eran unos muchachos y muchachas que venían a velar la muerta). A poco se oyó el chasquido de un beso en la oscuridad. Inconscientemente, sintió el viejo una oleada de cólera...

La muerta sólo tenía diez y nueve años cuando se casaron; él tenía cuarenta y ocho. Únicamente porque él era dueño de muchas áreas de tierra y muchas cabezas de ganado, el padre de ella había consentido en que se realizara la boda. Y Cabarga, el preferido y altanero, se había puesto a un lado para ver pasar aquella pareja absurda. Luego había realizado una escena violenta. Andaba ebrio y desde muy temprano acechaba la comitiva que salía de la iglesia.

—No te olvides de mí—le dijo el novio, un poco respetuoso para su condición anormal—. Si algo le sucede a ella yo te voy a matar con la sangre fría.

José Ramón sólo le dijo: "Andate a dormir un poco para que te compongas, hombre; y luego venís a la casa para que bailemos esta noche". Cabarga se había ido al campo; bebiendo todos los días; haciendo planes contra el rico rival hasta que un inspector lo había atrapado y puesto preso. Mas, ahora finalmente él estaba libre. Y como a la muchacha algo le había sucedido, él iría a cumplir su promesa. ¿Qué era lo que le había sucedido a ella? José Ramón no sabía; él le había dado todo lo que había podido, pero ella todo lo había recibido de las manos de él con seriedad; consecuencialmente, no había obtenido de ella más que apatía. Había llegado a su casa apáticamente, cada día se había puesto más delgada, luego había caído enferma súbitamente y por fin, esa noche se había muerto. Y Cabarga vendría donde él; de esto él estaba seguro. "Bien —había dicho— déjenlo entrar cuando llegue".

Reinaba horrible silencio entre los invitados de la cocina. Después un ruido súbito de éstos que se movían y luego un bronco ruido de las sillas arrastrándolas; la puerta del cuarto donde estaba la cama se abrió y la roja llama de las luminarias de la cocina se combinaron con la enfermiza y amarillenta luz del dormitorio. Entró el cura entonces, su melena larga, su cara y sus erectas espaldas, más le daban la apariencia de un soldado que la de un sacerdote. Este volvió los ojos hacia la cama mortuoria y luego hacia el deudo.

—"Oh, no debes tomarlo de ese modo hombre —le dijo—. No debes tomarlo de ese modo; debes soportar esto con valor", —le volvió a decir y salió del cuarto. Este no le puso atención, su imaginación estaba pensando en extrañas cosas que no podía arrancar de su cabeza. Infinidad de hechos pasaban bajo de su frente.

Trataba de pensar del alma de ella. Se acordó de una paloma atravesando la noche; luego de un pájaro perdido en el crepúsculo. Él pensaba de ella como de una cosa solitaria volando en un largo viaje y sin tener en donde descansar. Se la imaginaba pronunciando el vibrante y lastimoso llanto de un peweet.

En la cocina los invitados bebían café. El ruido de la loza se oía distintamente. Bien podía distinguirse el agudo sonido de las tazas que se colocaban en los platillos y hasta el movimiento nervioso de las personas que se atendían mutuamente. Sentía como si todos los ruidos fuesen hechos a un paso de él y a veces le parecía que estallaban dentro de su cabeza. Cancio volvió a entrar en el cuarto:

—José Ramón —le dijo— debes tomar algo, una taza de café, cualquier cosa; tómate una taza de café, yo te la voy a traer. ¡Oh déjame Daniel! Se sentía de tal modo que le daban deseos de insultarlo y pegarle por sus atenciones. Luego Daniel, poniéndose un tanto grave, le dijo a Cancio al oído:

—José Ramón, yo creo que harías bien (o que yo haría bien) en ir a ver a Cabarga y decirle... que sería un disparate de él venir aquí y armar un pleito. Dime, ¿no crees tú que debo ir a verlo? Yo creo que él estará en su casa.

—Déjame eso a mí, Daniel. Te lo repito, es asunto mío (súbitamente se acordó de la cuestión entre él y Cabarga).

—Está bien, tú lo sabes mejor—le dijo Daniel a José Ramón, y lo dejó solo. Cuando la puerta se abrió para dar salida a éste, se oyó de pronto una voz subyugadora cantando y muchos pies como tambores, pateando el piso, llevaban así el compás de la música; aquel canto bello concluyó por irritar a José Ramón. Se imaginó muchas cabezas; saludándole y muchos cuerpos balanceándose de uno al otro lado con el ritmo de la música. Reconoció el canto y empezó a pensar en él sin poderlo olvidar más, y entonces lo cautivó e ingenuamente pensó en el maravilloso cerebro que deben tener los músicos para componer la música. Sus pensamientos pasaron a un cuadro que él había visto de un hombre con un violín, debajo de la barba. Inconscientemente buscó una posición cómoda porque le dolía la espalda de estar encorvado. Al ver la cama mortuoria sintió el recuerdo de la primera vez que la había visto; ella andaba paseando a lo largo del camino con Cabarga; era un domingo por la tarde, los dos andaban con las manos estrechamente unidas. Cuando ellos le habían visto, habían parecido sorprendidos y súbitamente avergonzados. Habían reído con una risa emocionada para ocultar su turbación, y él recordó también que no le habían dirigido la palabra. Luego con una disimulada sonrisa de buen humor y un maduro sentimiento en su interior había pensado que: "la gente joven siempre es así" ... y recordó otros días en que la había encontrado con Cabarga y por fin como había venido en él la convicción de que podía casarse con ella y luego cómo había empezado a seducirla, tal como si hubiese pensado en comprar una pareja de bueyes o celebrar un contrato para la corta del maíz. Hasta el día en que se hubo casado con ella, él se sintió como el comprador que tiene su compra y conoce cada recodo y curva del camino por donde marcha.

Se oyó una fuga en la cocina con el ruido de unos pies que se dirigían hacia la puerta. La aldaba se levantó con ruido sordo y pudo oír el tono bronco de unos hombres con la entonación elevada de unas mujeres; comprendió que se dirigían a andar a lo largo del camino. Para verlos irse se acercó a la ventana; la luna estaba sobre el mundo como una flor de luz. Pero abajo, en la sombra, se veía una especie de tela negra colgando de las yerbas altas y de los árboles. Las casas en el sendero estaban blancas como edificadas en una región misteriosa aquí cerca se oía el zumbido de los zancudos, allá lejos el eco de una voz que cantaba... La tertulia de invitados pasaba abajo en el patio. Se oyó una broma con burla, después una manotada y una risa bulliciosa. Cuando se detuvo en la ventana oyó que alguien abría la puerta y se paraba en el umbral.

—¿Vas a venir, Dominga? —preguntó una voz. El anciano trató de oír la contestación; pensó que daba importancia a las cosas más pequeñas. Buscaba algo con que pasar el tiempo a la manera del viajero en la estación del ferrocarril que observa las cosas más triviales mientras espera el tren que lo ha de llevar al fin del mundo.

—¿Vas a venir, Dominga? —la voz se volvió a oír, pero no hubo contestación.

"Está bien, si no quieres no vengas" —oyó decir una voz irritada y luego, el que así hablaba salió al camino andando con cólera. Entonces en él reconoció la figura de Llaguno, que siempre tenía disgustos con su mujer; luego comprendió con satisfacción que vagamente se había distraído con este pequeño incidente. Desde el camino llegaba el agudo grito de una de las muchachas que había salido, luego un coro de risas. Y pensando en Cabarga y en la muerta, se le vino el recuerdo de la relación del hombre y la mujer. No tenía palabras para ello, porque amor era término que él creía debería estar confinado a libros de historietas, era una palabra de la que debería tenerse desconfianza como de una voz afectada. Era un signo de mofa;

de tal relación (de hombre y mujer) él tenía una idea vaga. Él pensaba de ello como de un entrelazado de hilos uniendo a dos personas y como una tela que fuese débil y fácil de romperse; o como un juego de cuerdas que trabajasen con nudos hasta llegar a hacer un enredo capaz de hacer perder la razón a aquellos cogidos en él. Esto le enseñaba como las cosas bellas, de infinita gracia, palabras suaves, en una noche de junio, vagos vaivenes bajo la luz de la luna, embarazosas manos unidas, pudiesen llegar a ser —como en el caso de Cabarga y la muerta—una cosa de malevolente fuerza, una cosa de silencio siniestro, una sombra de duda que conturbaba.

Y entonces con un golpe, sintió o pensó descubrir en él mismo una especie de delito, pero se olvidó de aquello para pensar cuán pacífico será para un muerto reposar a la luz de la luna y no en un oscuro cuarto con seis candelas en la cabecera y muchas sillas alrededor. Le pareció extraño finalmente que Cabarga, en vez de venir como amante feliz, viniese como un vengador a asesinar a su rival. Cancio entró entonces. Había un gesto de enojo en su rostro, con modo agresivo.

—Te repito, José Ramón, nosotros debemos prevenir esto. Es lo que debemos hacer. El viejo no contestó.

—De cualquier modo, yo debo ir al pueblo por la autoridad, aunque no quieras vos.

José Ramón sintió lástima por Cancio. La idea de obtener un gendarme de la policía para prevenir la tragedia que se aproximaba le pareció ridícula.

Se imaginó un niño que se opusiera contra la tempestad.

—Cómo sabes, Daniel, que Cabarga va a venir? —le preguntó por fin.

—Llaguno, el contratista, lo vio y habló con él. Dice que anda diciendo que te va a venir a matar hoy...

—¿Saben algo de eso en la cocina?

—No, nada. (Hubo una pausa larga).

—Está bien, óyeme un momento. Ándate y no digas nada, ni una palabra. ¿Comprendes? ¿No crees que sería adisparatado hablarle a la autoridad y que él no viniera? De todos modos, si él viene, yo voy a arreglarlo todo y si no puedo te voy a llamar. ¿Crees que es lo mejor?

Cuando la puerta se hubo cerrado para dar paso a Cancio, José Ramón comprendió que había abandonado el último recurso. Tendría que luchar solo contra el destino. Estaba seguro que Cabarga cumpliría su ofrecimiento; ¿y entonces sintió una especie de curiosidad de cómo iba a pasar aquello, ¿iría a ser con las manos o con un revólver? El esperaba que fuese con un revólver; la idea de meterse a las manos con aquel hombre joven y fuerte lo llenó de extraño terror. El pensamiento de que dentro de diez minutos o media hora o dentro de una hora podría estar muerto, no había pasado por él todavía; era el acto físico el que lo espantaba. Se sintió como si se encontrara terriblemente solo y un aire frío empezó a soplar y a penetrar en cada uno de sus poros. Hubo una contracción en los huesos del pecho y un escalofrío en los hombros. Lo que él iba a defender era la idea de la muerte, como si de una alta torre bajara a un insondable y oscuro abismo. Se levantó y fue a la ventana, luego miró hacia el lado de la cocina.

Desde una hendidura en un lado de los postigos venía un hilo de luz de candela, comprendió que allí estaban unos hombres jugando dinero para pasar el tiempo. Luego se hizo más grande su terror; el frío en la cocina había disminuido considerablemente. La mayoría de los invitados se había retirado y aquellos que aún permanecían, parecían somnolientos y amodorrados sobre el fuego. Después sintió un deseo de abalanzarse sobre ellos y suplicarles que lo protegieran y escondieran detrás de sus espaldas y acercarlos alrededor suyo en un círculo sólido. Luego pensó que los ojos de ella estaban en su espalda mirándolo y entonces sintió miedo de volver la vista por temor de encontrarse con aquella mirada. Ella siempre lo había respetado y él no quería perder su respeto ahora y el miedo de que podría perderlo cayó sobre sus hombros como un peso e hizo rechinar el tacón de sus zapatos sobre el piso.

Y entonces alumbró en él la idea de la gente que asesina, de las tropas peleando con ímpetu en las trincheras; de los hombres que salvan las puertas de una cárcel en la oscuridad y de una figura que él había visto en un libro, una siniestra figura con un hacha y una careta negra... Cuando miró abajo del patio vió una persona abrir la puerta dirigiéndose a donde él. Parecía un hombre que andaba despacio y cansado. El adivinó al momento que era Cabarga. Por fin, aquél abrió la puerta de la cocina, luego parecía que se dirigía lentamente a donde él. Después se hizo borroso en la sombra y volvió a aparecer vagamente. El viejo sintió que la pulsación de su corazón era como el tic—tac de un reloj. Se sentía en sí tan estrecho, que casi no podía respirar; anduvo inconscientemente unos pasos, la luz que venía desde el dormitorio corría en un extenso cauce. Se paró en ella como en un río.

—¿Está muerta? —oyó decir de repente.

Y entonces adivinó que Cabarga estaba detrás de él. El ala del sombrero del visitante despedía la sombra adelante de sus ojos; se miraban en la sombra unas manos metidas en los bolsillos del saco. Entonces el viejo dio vuelta y le dijo: "Se murió; ¿tú lo sabías, no lo sabías vos?". Fue todo lo que pudo decir. ¿Quieres venir a verla? —le dijo después.

Había olvidado a qué había venido Cabarga; estaba ofuscado; no sabía qué decir. Cabarga se movió un poco, la luz de la ventana le cayó en la cara. Y José Ramón en una ojeada observó con terror que estaba horrible con los labios descarnados y los ojos luminosos. Rezó sin abrir los labios y comprendió que el miedo se le escapaba, después levantó la cabeza. Luego observó con el rabo del ojo que Cabarga auscultaba en el cuarto y tuvo temor de que pudiese encontrar la cama en que descansaba la muerta. Con esta idea sintió un gran deseo de lanzarse entre Cabarga y la muerta, como si se tratara de una criatura indefensa y un gran peligro. Después bajó los ojos, creyó que no hacía bien en observar el rostro de Cabarga. Abajo, en la cocina se oían voces: era una disputa entre los jugadores de póquer. Había uno interrogando febrilmente y uno más arguyendo con cólera y otro procurando hacer la paz. Súbitamente el viejo oyó sollozar a Cabarga.

"No llores, hombre" —le dijo. Luego se puso a darle palmaditas en el hombro con cariño. Sentía como si una cosa muy apretada se aflojase en sus entrañas; como si la vida le volviese otra vez. Su voz era nerviosa, mientras tanto continuaba dándole palmadas en los hombros. Ahora sentía por Cabarga la misma piedad que sentía por la muerta, que para él era un niño dormido que no debía despertarse y un gran sentimiento de paz comenzó a penetrarle. A Cabarga lo mimaba como si hubiese sido un hijo suyo que, herido y maltrecho regresase donde él para que él lo protegiera. Y él le iba a brindar todo su consuelo...

Se detuvo en la puerta por un momento. "Está bien, hombre, entrá". Alzó fríamente la aldaba. Luego, cuando entraron, el anciano sintió como si unas paredes muy altas se hubiesen desmoronado y los tres abrazados, entraran en la luz de un nuevo día...

PANCHO

El señor Comandante de Armas y Gobernador Político, que era una misma persona, permanecía en su oficina frente a su escritorio. La oficina estaba compuesta de un cuarto largo con tres mesas que servían como escritorios, seis sillas, dos balcones hacia la calle, cuatro retratos de presidentes muertos y uno más grande del presidente actual con una corona al pie.

En la oficina no se veía nada más que un escribiente en otra mesa con el cuerpo agachado y con los ojos fijos en el papel. Sus pensamientos al parecer trabajaban tanto como sus manos.

Un golpe de pasos fuertes, que parecían no guardar equilibrio se oyeron afuera, súbitamente, por la parte interior y cerca de la puerta; luego, un golpe brusco y pesado como de cuerpo que caía al suelo y por fin la voz ronca:

—¡A mí nadie me manda! Llamen al Gobernador, hijos de...

El Gobernador había oído con enojo e indignación el bullicio:

—¿Qué sucede? ¿Pancho, andás bebiendo?

Pancho estaba tirado en el piso, ebrio.

—¡Estos...éstos me traen Seño...ñor Gober... Gober... nador, pero yo estoy bien! El Gobernador no pudo menos que reír de la cara de Pancho.

—¡Pero si tú bebes mucho, Pancho! Y viendo a los soldados, les dijo:

—Déjenlo aquí.

Los soldados que, en vez de poner atención a la cómica postura de Pancho, habían permanecido con la mirada fija y respetuosa ante el jefe, hicieron el signo de respeto con las manos, lleváronselas arriba y salieron.

—¿Cuándo te vas a componer, Pancho? —le dijo el Gobernador, no sin interrumpir con su sonrisa el placer que la cómica figura del mendigo le producía.

—La próxima vez que te traigan "bolo" te van a dejar dos meses en la cárcel. ¿Me entiendes? Esta es la cuarta vez que yo intervengo para que no te lleven a la cárcel, pero debes entender que será la última.

—Señor Coman...dan... (y Pancho dejó caer la cabeza en el aire). Entonces el Comandante y Gobernador Político, en vez de sonreír más, corrió y llamó al escribiente. El escribiente había permanecido detrás de la rendija de la puerta contemplando la cómica escena del hombre ebrio y de su jefe gozándose a solas del divertido espectáculo...

—Hombre, mejor trae este pobre diablo, aunque sea arrastrándolo y acuéstalo en el sofá aquí adentro —le insinuó el Gobernador al escribiente. Había un sofá grande adentro, rellenado con lana y forrado con carpeta negra para que se sentaran allí los que deseaban hablar con el Comandante o con el Gobernador, mientras éste se encontraba muy ocupado y había que esperarlo. Después que el escribiente hizo todo como se lo ordenaban, el Gobernador le mandó que trajera un vaso de agua para Pancho y el mismo Gobernador en persona se lo arrimó al pobre hombre que se lo bebió con avidez. Entonces el escribiente principió a hablar:

—Hay veces que duerme en la calle. Como él vive con las tías, ellas le esconden hasta el sombrero para que no salga, pero él siempre lo encuentra, lo mismo que el dinero, lo poco que ellas ganan cosiendo. Ese dinero lo gasta todo bebiendo. Hay veces que no tiene como beber y entonces se acuesta a dormir todo el día, y como es impedido no puede trabajar ni puede hacer nada.

Mientras el escribiente relataba lo que dejamos consignado, el Gobernador no le había puesto atención y sólo se había concretado a contemplar y acercar el vaso de agua, de cuando en cuando, a los labios de Pancho, que había desistido de seguir bebiendo agua...Mientras tanto, el escribiente creyó que él había hablado demasiado y que lo que había hablado era ridículo. Quién no conocía la vida de Pancho, y mucho menos el Gobernador que todo lo sabía— pensó el tímido escribiente. Pancho es —le dijo el escribiente— Pancho Osorio, o Pancho el renco para todo el mundo.

Esa noche Pancho durmió allí en la Gobernación Política y Comandancia de Armas. Se le preparó su cama lo mejor que se pudo en un sofá; Pancho, a todo esto, ya hacía rato que roncaba.

Al día siguiente, el Comandante tenía entre manos un asunto importante. Había recibido una comunicación del Ministerio de la Guerra en que se le exigía que reclutara 200 hombres para darles de alta y mandarlos a hacer plaza a la capital. Con esta preocupación se dirigió a dar órdenes inmediatas, pero sobre todo pensó en contestar la comunicación tan pronto como arribara a la oficina. Él vivía como a dos cuadras y con su fuerte bastón cruzó la calle y entró a la Comandancia de Armas.

—Escriba Ud. —dijo al escribiente mientras se quitaba el sombrero y colocaba el bastón en una esquina del cuarto—: Señor Ministro de la Guerra—Palacio—. Y después de pensar un largo rato volvió a ver al escribiente y dijo: "De conformidad con su oficio de esta fecha, inmediatamente prosigo a cumplir órdenes".

Pero el Comandante no se había dado cuenta de que el escribiente ni siquiera había agarrado la pluma con qué escribir.

—¿Vamos? —le preguntó el Comandante con un gritazo.

—¡Sí han saqueado la oficina! Señor, ¿no ve usted?

—Saqueado?

Efectivamente, la oficina estaba saqueada como el escribiente decía. De las mesas se habían llevado las carpetas incluyendo los libros de la Gobernación Política y de la Comandancia de Armas; una de las puertas estaba abierta. El bastón del jefe político no aparecía allí, el revólver del Secretario de la Comandancia, que él decía haber dejado en una gaveta, tampoco estaba allí; cosas de poca importancia como plumas, papel, tinta, etc., tampoco estaban allí.

—Já, já, já, hombre, este Pancho es mucho más hombre de lo que yo creía—murmuró el gobernador. Y efectivamente le daba risa en vez de cólera la acción de Pancho. Luego se puso a relatar al Secretario y a los otros empleados que acababan de llegar, lo que Pancho había hecho.

Como es natural, después de comentar con un poco de risa y otro poco de cólera lo que Pancho había hecho, el Comandante dio órdenes de captura para Pancho, inmediatamente. Pero entre tanto, el primer jefe se veía destituido de su bastón, de su escritorio, papel, tinta, etc. Pero proporciones más grandes aún, asumió el abuso sobre el Gobernador cuando al día siguiente y a la misma hora, no aparecía el malhechor.

—¿Pancho?... ¿Será posible que sea Pancho? ¿Ese impedido que anda aplanando calles todo el tiempo?... ¿Pancho? —se preguntaban las gentes del pueblo que sabían que Pancho era humilde, impedido y bueno.

Y, sin embargo, era cierto. Pancho había saqueado la Comandancia de Armas y la Gobernación Política...

No fue sino hasta el tercer día de haberse dado la orden de captura, cuando un oficial y tres soldados se presentaron ante el Gobernador con Pancho. Pancho que andaba ahora mucho más ebrio que antes, se arrimó ante el jefe con el bastón en una mano, el revólver del Secretario en el bolsillo y el libro de órdenes de la Comandancia de Armas debajo del brazo.

En vez de causar enojo, hizo reír a todos lo que estaban allí presentes.

—¿Y el resto de los artículos dónde están? —preguntó el Gobernador.

El oficial refirió entonces que la dueña del "estanco" en donde lo había encontrado se negaba a entregar el resto de los útiles que Pancho había empeñado, hasta que éste pagara el valor del aguardiente que se había bebido y que eran dos botellas y media...

—Lleven a Pancho a su casa y díganle a la familia que lo alimente bien —dijo el Gobernador—. Y cuando hagan esto metan a la cárcel a la dueña del "estanco", por orden mía.

LAS EXPERIENCIAS DE JOAQUÍN CÁLIX

I

Filomena Paz tenía la piel bien trigueña y los labios sensuales. Era muy alta y delgada, y cuando tenía deseos de cosas imposibles, se ponía muy enojada y deseaba ser hombre para poder pelear con los puños. Trabajaba en la tienda de la señora Natalia Campos y durante el día se sentaba detrás de un mostrador para vender los artículos. Era la hija de Raimundo Paz, antiguo escribiente de un bufete de abogado y con él vivía en uno de los barrios más pequeños de la ciudad. Había en la casa de ellos unos cipreses alrededor y debajo de éstos, había unos cómodos asientos. El viento que venía soplaba bajo aquellos árboles y hacía un ruido constante.

Cuando Filomena era sólo una muchachita, Raimundo hizo la vida bien cómoda para ella; pero después que él perdió el poder sobre ella, Raimundo pareció volverse muy triste y resentido. La vida de este hombre estaba compuesta de pequeñas penitencias: cuando Raimundo iba a trabajar por la mañana, con su saco de alpaca negra gustaba pasearse a pasos cortos en la sala grande que después la transformaron en dos cuartos pequeños. Hasta que él había hecho esto, se iba a su trabajo. Cuando regresaba por la tarde se ponía a leer el periódico con los anteojos puestos y después se los quitaba y los ponía en el costurero de Filomena. Ya estaba viejo Raimundo: entre los cincuenta y cinco y los sesenta años, pero no aparentaba decaimiento físico.

Sin saber por qué, Raimundo le tenía miedo a su hija. Filomena pasaba atormentada, pero era alegre. Se preocupaba mucho cuando no obtenía lo que quería y quedaba por muchos días atacada de los nervios. Poseía un carácter muy fuerte y parecía hombre. Recibía la visita constante de Joaquín Cálix, pero secretamente estaba enamorada de un tal Alejandro Ríos. A Cálix no lo quería por su idiosincrasia y su falta de energía, pero no lo despreciaba. Decía que recibía al pobre Joaquín para pasarlo mejor, pero éste la besó por fin y ella misma que no sentía amor por él, no pareció disgustarse. Después creyó Filomena que aquello se había debido a la insistencia tenaz de su naturaleza... Creía ella tener control sobre Joaquín, pero no lo tenía.

El otro, Ríos, era alto, con espejuelos, atlético, orgulloso. Tenía un bigote parado y decían que era el colmo del fingimiento. Tenía unos ojos que penetraban hasta el fondo. Este hombre había malgastado una regular fortuna en dos meses, según el decir de la gente. Filomena estuvo sólo una noche con el tal Alejandro Ríos; ella recordaba el modo y las palabras de él. Había retozado con las manos y él se las había agarrado nerviosamente, mirándola. Esto lo contaba ella con una carcajada y así se lo refería a las amigas. "Ah, tonta, de lo que te alegras; de lo que te alegras" —le decían aquellas, riéndose.

Joaquín se había puesto celoso una noche. Otra noche se emborrachó por los mismos celos. Esta misma vez había andado cuatro leguas fuera del pueblo. Y otra noche: "La vida es brutal"— se dijo él solo. "Yo debo pelear y luego reír del mundo. El destino es matar a otro. Yo debo matar a otro. Cada hombre debe hacer eso; eso no es maldad, es cosa natural. Lo que hay que hacer: matar a otro. Siempre hay uno que ocupa nuestro puesto y nosotros debemos echar al otro mundo a ese gallo", etc., etc.

Hipnotizado por sus largas meditaciones anduvo mucho, muchísimo. Al fin se detuvo bajo la luz de un farol. Temblaba Luego pensó en aquellas meditaciones. "Cuando me encuentro solo —se dijo él— pienso cosas mejores. Quisiera que me apreciaran más. La gente no me conoce a mí; me voy a hacer conocer un día. Voy a hablar y hablar" ... Y siguió por el camino meditando.

(Cinco o seis años antes, en este pueblo, había un barrio de gente pobre que tenía para un lado una colina y al otro una iglesia muy bonita. Entre otras cosas, las casas eran pequeñas y pasaban frente de éstas unas vacas y otros animales del campo. Joaquín tenía allí su casa).

Seguía meditando Cálix bajo la hermosa noche de enero. Lo ponía excitado el recuerdo de una novela: pensó que la meditación es cosa sorprendente, y se sentía orgulloso de que él podía meditar. Empezó a andar muy despacio, cada vez más despacio. Llevaba en la mano su sombrero; un perro le venía ladrando desde hacía un rato y se paró a tirarle piedras. Luego, súbitamente, en la sombra de la calle oscura se paró y se puso a cantar con una entonación muy baja, apenas perceptible:

"Quiso el poeta recordar, a solas,
las ondas bien amadas, la luz de los cabellos
que él llamaba en sus rimas rubias olas.
Leyó... la letra mata: no se acordaba de ellos...

Y un día como tantos —al aspirar un día—
aromas de una rosa que en el rosal se abría,
brotó como una llama la luz de los cabellos,
que él en su madrigal llamaba rubias olas;
brotó porque un aroma igual tuvieron ellos...
Y se alejó en silencio para llorar a solas..."

Y se alejó en silencio para llorar a solas... repitió Joaquín elevando cada vez más la voz. Luego se puso a mirar con atención todas las casas y a meditar en ellas: —¿Que yo gritara con voz fuerte —se dijo él solo— y que la gente que duerme en este pueblo se levantara y corriera aquí donde mí, estrechándome la mano...? Al sentarse en un banco de la plaza desierta, se puso a pensar en la atracción de las mujeres, tuvo gran deseo de tener allí una mujer, y luego siguió hundido en sus largas meditaciones.

II

Ríos —por pura casualidad—había ido a ver a Filomena por la primera vez en su vida. El mismo no sabía por qué había ido; no le interesaba ella. Cuando él salió, Filomena lo contempló detrás de la mampara hasta que lo perdió de vista. Luego lo vio pararse detrás de una esquina. Ella deseó con mucha ansia tener a Cálix e ir a pasar con él delante del puesto de Ríos, con indiferencia. Luego sintió gran deseo de irse a sentar con él (Ríos). Pensó en la cara de Alejandro Ríos: era feo, bastante feo y parecía poco cortés. Sin embargo, algo había en él que a ella le gustaba, pero no estaba segura qué era. Y pensó en él por largas horas...

En la noche siguiente Joaquín fue a ver a Filomena. Habló con elocuencia; habló con palabras que sonaban bien; después le agarró las dos manos y le dijo: —Filomena... me vas a apreciar más; voy a dejar de ser modesto y tonto; yo no tengo de tonto ni un pelo; no me conocés vos, pero me vas a conocer. Anoche, precisamente, fue anoche que andaba vagando, en el pueblo, en las calles... Filomena no parecía que le ponía atención. (Joaquín pensó que en ese momento ella pensaba en él...)

—¡Siéntate, Joaquín, por Dios! —le dijo ella. Él se sentó viéndola. Creyó que la fuerza del amor se manifestaba en ella y se acercó. Él no estaba emocionado, sin embargo. Era una hermosa noche de verano y Joaquín no podía comprender qué era lo que él deseaba. El silencio de ella le daba cólera y lo ponía lleno de placer también. Le daba placer porque creía que ella estaba pensando en él. Por fin se acomodó en su silla y trató de meditar nuevamente. "Todo se vuelve diferente" —se dijo él—. Ella está diferente; se empieza a enamorar de mí; ya no pensará más en Ríos. Todo es diferente: yo ya no siento nada por ella".

Después —súbitamente— la agarró de los hombros y la volteó de cara hacia él. Creyó que ella iba a reír al verse sorprendida en sus pensamientos, pero en vez de eso, ella pareció disgustada y sorprendida. Él no se desilusionó por sus erradas creencias. Y quiso tener una sensación fuerte y trató de resolverlo todo en un momento. Esto era muy propio de Joaquín. La besó súbitamente sobre la hermosa espalda desnuda y ella sin hablar lo miró con mirada de promesas.

—Me vas a admirar Filomena. Cuando seas mi mujer me vas a admirar. Si supieras lo que estoy pensando. (Filomena, como una piedra permanecía indiferente a las palabras de Joaquín).

Joaquín no entendía lo que le pasaba esa noche. Se sentía profundamente preocupado y tenía fe en los momentos que venían. Luego pensó en que él debería tener orgullo de sí y se sintió contento. Deseaba algo, pero no estaba seguro a ciencia cierta qué era lo que deseaba. Quiso sentir placer en algo más que en ser orgulloso: salir a la calle o besar a Filomena, pero por fin se fue a su cuarto de mal humor. Sentía un gran vacío, pero no sabía qué era lo que deseaba;

después —sobre la almohada— se puso a llorar y luego se quedó dormido...

Joaquín estaba cierto, por otra parte, que Filomena ya no le llamaba la atención; que él debería buscar otra muchacha mejor; y tuvo después muchos deseos de ir a viajar a otro país. Luego tuvo deseos de ser un caballo. En la mañana no se quería levantar; tenía pereza y poco entusiasmo. Pero al recibir la luz del sol volvió a creer que él debería estar orgulloso de sí mismo.

Se sentía romántico y colérico. Concretamente Cálix no sabía lo que quería; o lo que era él. Tuvo deseos de no salir aquel día y luego tuvo deseos de hablar de cosas tristes. Su frente, las mejillas, todo él estaba desencajado...

LA NOVIA MUERTA

I

Antonio Rafael Ortiz tiene 23 años. Es más alto que bajo. Tiene la tez morena con un ligero matiz de bronce. Sus ojos refulgen anchos y expresivos. Su cabeza se yergue sobre un cuerpo fornido.

Vive en un cuarto de estudiante. Dentro y a un lado da un viejo balcón de hierro; al otro su escritorio. En el fondo del cuarto queda su cama como un nido de gallinas. Tal como sucede cuando —como en el presente caso— se es joven y se tiene confidencias con las musas...

Generalmente es de carácter alegre, pero he aquí que ahora ha cambiado súbitamente. Si lo encontráis a vuestro paso ya diréis que no es el mismo que solía meter charlas en los cafés. Está triste, muy triste. Si le habéis conocido antes de hoy, seguramente supondréis que eso se debe a que las veladas nocturnas lo encuentran sin una moneda en el bolsillo. No, no es eso. Antonio es un bohemio, pero de los que llegan a los cafés a gastar mucha alegría y poco dinero. ¿Cómo es eso? me preguntaréis. Antonio es una especie de "niño bonito"... se le quiere, se le admira, se le obsequia... Al no más salir a la calle se encuentra con tres o cuatro amigos guindándole del saco. ¿Bohemios?... es posible que sí, pero no creáis que es para explotarle su endeble renta, no... Es que los atrae con su corazón bueno, corazón amable. (Hay hombres de esta clase con imán en el corazón).

En este día Antonio está con un gesto de fastidio y de tristeza. Llega, empuja la puerta de su cuarto y en un dos por tres queda tumbado en aquel laberinto de ropa comprimida que constituye su lecho. Uno, dos, tres minutos permanecerá Antonio en esta posición. De pronto y como si algo se le asomara a la cabeza —con gesto cómico y agilidad de autómata— queda sentado en la cama. No olvidemos que hoy es lunes: día de correo.

Hay, pues, que esperar la carta del lejano pueblo natal. Hay que ver lo que dice el padre. Lo que dicen los amigos, pero sobre todo hay que ver lo que dice la novia. La novia de Antonio es la misma "chigüina" que de los 15 años para arriba nos pone la cabeza de vuelta y media. La misma Julia, Alicia María, Emma y que en este caso se llama Rosario. En suma: el primer amor y como consecuencia el primer dolor...

Así, pues, quedamos en que la novia de Antonio es la que todos hemos tenido. Con la diferencia única que algunos, como el personaje de que hablamos, son más místicos y la guardan como reliquia.

Otros, queriendo cambiar impresiones, la cambiamos. (Y aunque en el cambio nos salga el tiro por la culata).

En Antonio, ya lo dijimos, no pasa esto. Tiene creencias rotundas: lo que hoy hace está bajo su buena opinión en todo tiempo. Ya dijimos también: a sus 23 años no ha cambiado el corazón de sus 12 años... Es un hombre con corazón de niño. Estas, pues, y otras razones hacen que Rosario sea la novia de los 12 años.

Tres años hace que estudia leyes en México; tres años y en ese tiempo el recuerdo de la novia ausente no se ha retirado de su pensamiento ni un solo momento.

Volvamos atrás: Antonio, decíamos, regresa como siempre a las tres y se acuesta en su cama. A poco se levanta con agilidad de autómata: ha visto una carta en la puerta. ¡Oh! —se dice—éste será un lenitivo. Su gesto extraño de puro triste, ahora se hace amable, bondadoso... Hasta una sonrisa súbita florece en su boca. ¿Y qué? ... ¡Vaya una carta de la novia cuando no estamos en buena amistad con la vida!

Antonio, pues, ríe, salta a ratos, grita en otros. Esto nos pasa a todos, y más aún si estamos en el caso de nuestro personaje. Por fin abre la carta, pero no es de Rosario. Sin embargo, es poca pérdida, pues la firma un buen amigo, Edgardo. La pérdida está en lo que la carta dice:

"Querido Antonio:

Algún día me apellidé tu hermano. Ahora es un poco propicio el momento para comprobártelo. Rosario como siempre, enamorada de ti. Como siempre hablando de cosas del espíritu: hablando de tus versos, hablando de tristezas. Sin embargo, todo eso es motivado por causa fatal... ¡No te lo quisiera decir!... ¿pero a qué callar? Rosario está "tuberculosa". Su color pálido, sus pensamientos trágicos...todo, todo comprueba lo que yo te digo. Después de esto, la opinión de los médicos...

Si también te he ofendido, perdóname. Como te dije antes, lo hago en honor del cariño que te guardo.

Tuyo.   EDGARDO."

II

Ya podrase suponer qué intensidad tendrá este golpe en el corazón de Antonio. Llora como un niño... Estruja e papel como un loco...

Y es que, a decir verdad, Rosario ha sido muy buena, muy noble, muy linda... y muy digna de él... En el lejano pueblo natal vivieron su idilio eterno, intenso...

Días de amor que no es fácil olvidar. Era un quinteto de moda: Antonio, Rosario, Edgardo, Fernando, este último buen amigo de ellos y la novia de él, Julia. Esos eran los cinco amigos de siempre. Como que se comprendían todos cinco. Roberto con su novia y Fernando con la suya, no estaban alegres, faltaba uno: ese era Edgardo.

Uno sólo necesitaba de los cuatro restantes para estar a gusto; es más: dos o tres o cuatro tampoco eran felices. ¡Como que los espíritus sólo fraternizan cuando se comprenden! Los cinco formaban algo como un organismo que no funcionaba a falta de una pieza.

Todas las tardes se les miraba juntos, siempre juntos. De puro felices poco les importaba que el vulgo les criticase. No necesitaba de uno más ni de uno menos. Eran dichosos porque hasta en sus alegrías como que el programa estaba completo: Antonio recitaba sus versos, Rosario ponía el prestigio de su voz, Julia acompañaba en el piano: Fernando, como en el caso de los hermanos Álvarez Quintero, ponía su autoridad crítica en cada papel.

Lo hacía con opinión magistral porque tenía excelente gusto artístico. Y Edgardo era el que alegraba a todos. Aquél daba vida a todos los proyectos. Era el que no tenía novia y sin embargo, era el más feliz de todos, siempre estaba alegre.

Así era aquella vida... feliz, intensa... Pero he aquí que un día y cuando más felices se creían, Antonio les manifiesta su viaje a la capital de México. Que su padre le había mirado al través de sus anteojos y luego le había tirado del saco, diciéndole que no quería más vagos... Que deseaba que fuera a concluir su carrera de Abogado a la capital de México.

Aquel día fue triste, muy triste para todos ellos, pero más para Rosario. Antonio se iba, es decir, un elemento importante. Un socio, el cual socio significaba mucho para todos ellos. Rosario no hablaba, lloraba.

Por fin Edgardo manifestó que todos deseaban que jurara y prometiera no olvidar a la novia ausente: nosotros haremos mil pruebas a fin de comprobarlo. Subraya estas palabras: "mil pruebas para comprobar tu cariño para Rosario" ...

Y Antonio partió.

Uno, dos, tres años y Antonio cumple lo que ha prometido. Mas ahora, cuando más feliz se creía, Edgardo le dice que su novia está tísica, que es lo mismo que le dijera que ha muerto. Pero... ¿la olvidará? La contestación atraviesa los labios de Antonio, pero no su corazón... "sí —se dice él—, sí, sí... y luego sí, ¿la olvidaré? ¿pero seré tan cobarde olvidándola después de idolatrarla?... ¿Será tan miserable el espíritu que Dios me ha dado?... (¿Sí, no, sí...?).

Como es natural suponer, Rosario continúa escribiéndole. Todos los lunes el cartero golpea la puerta del pobre ausente. Una carta de mi novia muerta —se dice con lágrimas en los ojos. Seguramente Antonio continúa adorándola y de allí que esas cartas le arrancan lágrimas.

Las más le enferman, pues es claro, por eso, porque él la adora todavía. Algunas las lee, pero otras las rompe sin abrir el sobre (alguna vez Antonio se ha arrepentido de su cobardía, ha querido contestar una de esas, pero a poco ha dejado la pluma... ¡Nada ha hallado qué decir!...

Y he aquí que al fin le llega la última carta de Rosario. Le dice:

"Roberto adorado: esta es la última carta. Me he venido a escribirla aquí a tu cuarto que aún está como tú lo dejaste. Aquí sola, estoy más cerca de ti para llorar contigo. ¡Mi mayor pecado en la vida fue quererte mucho... mucho! Y tal vez por eso fui tan desgraciada. ¡Oh, si supieras!... Bien sé que me olvidas, porque soy un cadáver andando que tiene deshechos los pulmones, pero muy limpia el alma... Si algún día tienes una novia, yo la presiento: tú vas a ser la víctima. Esto—está claro—no es que yo lo desee. Cuando ésta llegue tal vez yo habré muert0...

Adiós, Antonio de mi corazón...

ROSARIO".

Cuando Antonio lee esta carta, llora más todavía que cuando le llega la de Edgardo. Él es un cobarde, Rosario misma se lo dice, pero ya es muy tarde y entonces llora bajo el remordimiento como un niño. No, no debió olvidarla. No había una causa justa. Rosario misma se lo dice: "Tengo deshechos los pulmones, pero muy limpia el alma".

El pobrecito Antonio sufre y llora como un loco. Pocos días después recibe la noticia de la muerte de Rosario. "Ayer murió Rosario", le dicen lacónicamente. Esta carta la recibe en el preciso momento en que él escribe otra implorándole perdones.

Y el pobre Antonio se hala el pelo, llora, grita y se siente el hombre más desgraciado de la tierra. Desde este momento lo principia a matar poco a poco el remordimiento. A diario recibe el pésame de algún amigo y aquello es peor.

Bebe ajenjo, mucho ajenjo; se transforma en completa calavera.

Ahora sí que está concluido, lo que es igual, está fracasado. ¿Ideales?... Antes tal vez, ahora todo ha terminado... Se arrastra lo mismo que un burgués bonachón bien hartado de guaro. Así es su vida. &Vida?... No, no puede llamarse vida. El que prometió tanto, a poco demuestra las debilidades de su condición de hombre, mejor hubiese muerto (ciertos árboles que parecen llegar a ser muy gallardos, a poco marchitan la belleza de sus hojas y continúan viviendo con fealdad, mejor concluyeran de una vez).

III

Así pasó el tiempo, un día se encuentra con una mujer bella con quien desea apagar aquellas horas de infinita tristeza. Tiene un singular parecimiento con la novia muerta... Dos palabras y el corazón de la desconocida le corresponden. Adivina, sin embargo, que es simplemente una similitud de rostros en ambas, más él, sin amor, sin ternura, pero con una fuerza de hombre fracasado, desea gozar de la delicia de aquella desconocida que ha encontrado en horas de miseria y de profunda tristeza. Un día le da una cita en cierto paraíso de idilios y allí por fin termina su aventura barata. Llega nuestro protagonista con entera regularidad. Pero, ¡oh decepción! Ella está en los brazos de otro amante. Regresa con el corazón destrozado. Llega a su pieza; en su escritorio está la última carta de su novia muerta que recibió hace algunos días y en cuyo último párrafo se leen estas palabras: Si algún día tienes una novia, yo lo presiento, tú vas a ser la víctima...

Los ojos fulminantes de Antonio alumbran las letras pequeñas con la claridad de una brasa. Días después le llega la dolorosa noticia de la muerte súbita de su padre. Este inesperado suceso no tuvo, sin embargo, un doloroso efecto en Antonio. Cuando recibe esta noticia, ya no siente. Le dicen en un cablegrama lacónicamente: "Súbitamente ha muerto tu padre esta mañana; vente". Y Antonio lee y parece que no entiende el contenido. Ha sufrido tanto. Ahora sí que es digno de lástima. Ahora sí que está solo en el mundo, sin más compañía que su remordimiento. Ahora sí que ya no desea vivir más, es decir, no desea morir más. ¿Qué puede hacer? Se suicidará. ¿Hará bien? No, pero es una resolución, o lo que es igual, es un capricho. Y un capricho es una ley sobre la voluntad del individuo. Y el pobre Antonio, que ya se cree olvidado del mundo, mira que el cartero todavía le viene a visitar:

"Hay aún quien se acuerde del desgraciado ausente —se dice—, y principia a leer, cosa rara, es una carta de su "novia muerta". Le dice entre otras cosas que sabe sus remordimientos; que desea despedirse de él personalmente y que lo espera en el camposanto de su pueblo natal. Esta carta —concluye— la he puesto sobre mis propios huesos para escribirla. Y he aquí que esto no es extraño, pues cualquiera pudo firmarla en su nombre. Lo raro y misterioso es que es letra de su "novia muerta". Sin embargo y como es razonable, concluye por hacerse creer que aquella letra se debe a una simple habilidad de imitación. Pero aquella broma amarga lo hiere con una ironía terrible. Le espanta creer que alguien se ha reído de ella que simboliza la bondad y el bien como en un altar en su corazón de arrepentido. ¿Quién sería ese ingenio?... Edgardo, cuyo temperamento de hombre bromista dice que él no aprendió a respetar las lágrimas de un condenado que paga su pena velando el recuerdo de una muerta...

Ingrato, no se lo perdonaré nunca, nunca... Con odio y cólera hace a un lado aquello y concluye meditando en el plan de su único ideal de ahora: suicidarse.

"¿Para qué quiere la vida un hombre que no vive? ¿Para qué vivir muriendo si es tan fácil conseguir la muerte? Me hará pedazos el remordimiento... no, no, no, me hará pedazos el remordimiento; yo con mi revólver me haré pedazos el cráneo... Asesiné a mi novia primero, después a mi padre. Con el olvido pagué el amor idolatrado de los únicos seres que me querían bajo la luz del sol... ¡Qué ingrato! Voy a suicidarme, pues, pero lo voy a hacer en el cementerio de mi adorado pueblo natal, donde están enterrados los únicos seres que vivieron y murieron por mí. Tal vez la caridad humana me entierre con algunos de ellos"...

Una tarde, nerviosamente, Antonio prepara el viaje para su pueblo natal. Una vez hubo jurado no volver más, pero esto nada importa si en su propio concepto es un hombre sin voluntad ni moral...

El trayecto que hace Antonio es triste, tristísimo: como el patriarca antiguo en días de sed y en noches sin sueño va en busca de la Belén, puestas las sandalias. Lo que más desea es llegar incógnitamente. No desea ni por un momento ver la cara del cuarteto de los viejos amigos, en compañía de los cuales partió el único pan de su felicidad lejana. Hace el viaje, en su mayor parte, a pie, con un tosco báculo en las manos... Hambres, cansancio, sed: he ahí el viaje de Antonio. Mas él se siente a gusto con aquel castigo que él admite ser un pago legal. Sus pecados serán perdonados por la sangre que riega en su viacrucis. ¡Es feliz!... Si alguien le brinda un pan, él prefiere hambre reparadora. De puro arrepentido, con sus sentimientos de muchacho noble, él acepta aquella cruz para que su sangre "se transforme en flores".

Una tarde, desde la cumbre de una pequeña colina, le parece ver como un puntito negro, allá lejos, muy lejos, sobre un valle, la sombra de su pueblo idolatrado. Ve aquella visión lejana como sueño de imaginación enferma. Sentado sobre una piedra alta sumamente rendido y pensativo; sobrecogido de una infinita tristeza, haciendo muchos tristes recuerdos de su infancia después de larga ausencia, el hijo pródigo, el caminante, mira por horas aquella sombra pequeñísima muy distante aún de su pueblo natal. Horas después, como la oveja descarriada que vuelve al buen sendero, principia otra vez el largo y penoso viaje. Ni un pasajero, ni un caminante se atraviesa por allí.

Antonio en tanto, bajo la luz bofa del crepúsculo, va caminando paso a paso, pero conteniendo la fuerte impresión del pueblo lejano, cuya sombra apenas perceptible, ha mirado otra vez, después de muchos años de angustia y de ausencia...

Está todavía muy lejos, más la esperanza, el recuerdo que se intensifica, la presencia material del ideal que se hace carne de realidad. Antonio, por este u otro motivo, camina ahora como no ha caminado antes, insensiblemente, con tendencia enfermiza, nerviosamente, como los lobos nocturnos, sin sentir cansancio, apoyado en su báculo de roble, cae la noche y el viajero va caminando todavía... Bajo de la noche negra, como una sombra que se mueve, con sonido leve de sus zapatos sobre la arena movediza, se ve aquel hombre subir, bajar cerros en aquel desierto a donde sólo llega el aullido lejano de los lobos errantes y la música triste del aire en la cumbre de los árboles. Cuando el ideal que se persigue, se ha visto por la primera vez, aunque muy apenas, con la estrella que nos guía a Belén, ya no habrá cansancio ni voluntad que abdique; con el pedazo de roble que llevamos en las manos habremos de ir a parar al puntito negro que hemos ya contemplado, lejos, muy lejos...

Arriba Antonio al pueblo natal donde ha corrido su infancia y parte de su juventud. Una honda emoción corre por todo su cuerpo. Como un sueño, como un sueño, vagamente mira como para recordar, imagina, no sabe lo qué quiere decir, qué es lo que le sugieren aquellas cosas que son partículas de él mismo, que han estado en su corazón y que vuelven a estar; aquel sueño... ; Oh, pero los rostros de las gentes que se atraviesan, de las gentes conocidísimas, pero que a él no lo conocen! Él, como ya sabemos, ha perdido su aire de joven, su energía y luego lleva un traje muy descuidado y una larga barba. No le conocen, no le habrá de conocer ninguno. Pero él sí y mira aquellas caras conocidísimas, pero sin embargo indiferentes.

Y empieza a recordar, a sentirse niño, arrepentido de la vida que ha vivido. Vuelve, por decirlo así, muchos años atrás en un segundo. Oh, la ternura, el cariño que le tenemos al niño de nosotros que murió en nosotros mismos. Pero que de pronto su cadáver nos habla desde adentro, desde el fondo y nos sentimos hombres, a llorar por el niño de nosotros... el hombre no es más que un niño crecido; crecido; eso prueba la existencia de Dios, como lo imaginamos; el bien, la bondad.

Aquel de allá era el maestro de primeras letras de Antonio; estos de aquí, sus amigos de infancia; los otros, sus vecinos; aquel otro buen amigo de su padre, aquellas mujeres, amigas de su madre. Él ha querido dar un grito para despertar de su sueño terrible, de aquella pesadilla espantosa. Se ha restregado los ojos y ha encontrado que no duerme, que es un ser que anda despierto. Que las buenas y sencillas gentes que se atraviesan y casi le impiden el paso, son —sueño real— las mismas y nobles gentes del tiempo de antes...Su maestro, amigo, su vecino, todo, todo. (La vida tiene a veces ironías amargas).

Cruza, pues, Antonio por en medio de la ciudad y nadie le ha reconocido, él ha reconocido a todos. Andaba despacio, con el alma en las manos. El cementerio se encontraba al otro lado de la ciudad. Allá va Antonio. Cae la tarde fría y dolorosa. La hora terrible se acerca, la hora de su muerte, propicia hora, piensa él. acaricia la graciosa pistola que lleva en su bolsillo, como el náufrago lo haría con la tabla que lo salva. Después de sufrir aquella tortura psíquica pasa de uno al otro lado como sonámbulo por la ciudad. Recuerdos, analogías, íntimas ternuras, íntimas lágrimas, preocupaciones, misterios, análisis, síntesis, el yo que habla como nunca. Antonio se encuentra cansado, desea la muerte, tiene sed de ella, y ahora que ya ha llegado al cementerio él se siente contento. Hay un silencio en toda la zona que se avecina a esta ciudad de los muertos. Ni un ser humano se atraviesa en la hora triste de la tarde. Al abrir la puerta, se oyó un chillido agudo de la fuerte madera raspando el dintel. El entró resuelto y alegre. Antonio no tiene en este momento nada más que su revólver en la mano derecha. La vida de él, como reencarnada bajo el fuego de la intención convencida, parece hoy como parecía antes, al de un muchacho impetuoso y enérgico.

Antes busca con curiosidad, fuertemente atacado de los nervios, la tumba de su padre y de su novia. Los ojos de él miran con una expresión fulminante. Anda y vuelve y no encuentra, registrando y devorando las letras de las lápidas, ninguna leyenda que recuerde el nombre de su novia o de su padre. A poco el eco de una voz lenta, muy lenta y monótona le detiene de pronto. Es una voz que reza, seguramente; mas no se sabe de dónde viene. Lentamente, monótonamente se oye la voz suavísima rezar, rezar, sin detenerse un solo momento:

"Padre nuestro que estás en los cielos, santificado sea tu nombre... Amén".

Era la voz de un niño o de una mujer débil. Tenía el acento dulcísimo pero muy apagado. A los oídos de Antonio, que yacía tirado en un sepulcro, llegaba casi imperceptible. Y luego se oyó más vagamente, más ansiosamente, que hacía trágico y triste el ambiente.

"Perdónalo, Señor, si ha sido malo, perdona sus pecados...".

Era la voz siempre vaga y siempre monótona. Antonio que por un tiempo había parecido embelesado, se decidió por fin a buscarla, ir allá a donde la voz salía. Y caminó hacia el extremo opuesto del lugar en que se encontraba. Hacia la parte izquierda se veían varios sepulcros elegantes, pero no creyó que la voz vendría de alguno de ellos. Luego, súbitamente, la voz se hizo más perceptible. Creyó entonces que en él estaba tomando lugar alguna ilusión acústica y estuvo a punto de retornar. Mas, la voz se hacía entonces más clara y hasta parecía menos monótona. Estuvo Antonio un tanto inseguro si aquel acento podría venir de la parte derecha o del frente con su horizonte limpio. Se decidió, pues, a hacer pesquisas en la parte derecha.

Había visto desde un principio unas viejas tapias allí; además él mismo conoció que al leer las lápidas no lo había hecho en las tumbas que se encontraban en esa parte del lugar. Conoció que en poco tiempo se percataba mejor de aquel peregrino acento, sin duda alguna creía ahora que vendría de allí. Se arrimó, pues hasta llegar muy cerca y se paró para escuchar de nuevo. Una fuerza suprema lo detuvo de pronto. La realidad de la voz perceptible. La emoción de la realidad, cuando se busca algo que no se cree que se encuentre... la verdad, pues, lo detuvo allí. Tomó respiración y siguió. Ahora estaba completamente seguro que detrás de aquel lugar estaba alguien que rezaba solitariamente. Pensó tratar de ver, pero de no ser visto. Él no podría explicar, por qué deseó tal cosa, más fue un respeto instintivo para él (porque creyó que aquel era un acto íntimo). Para la persona de allí (por idéntica causa) y el natural respeto para los santos muertos... Auscultó, muy escondidamente, sin hacer el menor ruido, con pulso y tacto supremos. Se arrimó hasta poder ver por medio de un pequeño agujero y allí permaneció casi inmóvil por largo tiempo. Parecía que, sobrecogido de un golpe súbito, no hubiese podido hacer uso de sus facultades ni de sus miembros para conseguir moverse de aquel agujero. Ahí, siempre ahí, petrificado, como si la boca del agujero hubiese tenido una fuerza retentora, Antonio sin moverse yacía allí; mientras tanto la voz misteriosa, fríamente, monótonamente, seguía como antes, siempre la misma:

"Padre nuestro que estás en los cielos... Amén".

Se retiró por fin. La fisonomía de él, el semblante estaba sin duda alguna congestionado. Como buscando a alguien, volvió los ojos hacia todas partes, se limpió el sudor de su frente, parecía que su expresión marcada de miedo o mirada febril cambiaba un poco. Y volvió a colocar su cara en la tierra seca de aquel hoyo macabro. Al empinar más, más que antes las pupilas pudo notar, esta vez con mayor claridad, la misma cosa, lo que antes había visto. En la cruz recta y bien burilada se miraba sin duda alguna, el nombre clarísimo de "Ramón Ortiz. Muerto en nov. de 19...". El padre de Antonio, la fecha y el nombre, exactamente igual.

¿Pero el que rezaba a un lado de la cruz, sobre la tumba, la mujer pálida y delgada? ..., ¿La novia de Antonio, Rosario? ...No, no, ella había muerto hacía cinco meses. ¿Quién era la mujer que rezaba? ¿Quién era? Antonio, atacado súbitamente de los nervios, sentía que a veces se le nublaban los ojos. Se pasaba una, dos, tres, seis y siete veces la mano por la cabeza. Volvía los ojos, se empinaba más y siempre con la interrogación, con la tremenda interrogación que lo debatía en un suplicio de meditación y deducciones. No, ya comprendía que no podría saber qué era aquello, cuando un instante más, el rostro angélico se volvió apenas.

—Y, ¡oh, señor!... que ves semejantes torturas morales —vagamente, muy vagamente pudo el pobre Antonio admirar la representación del pelo crespo y sedoso de su novia muerta. Un golpe lo movió un momento y al volver volvió a quedar casi sin sentido. Mas, pudo razonar y pensar como hombre consciente. ¿Rosario? No, no es Rosario.

¿Una muerta?... Pero, ¡oh, Dios mío!, ¿pero es posible que yo no comprenda tus obras de la tierra? ¿Por ventura, es acaso posible que vuelvan los muertos a la tierra de nosotros? Señor, por ventura. Era el pelo crespo y sedoso de Rosario. Mas, aquel ser no era, no podía ser Rosario. Y lo que es espantoso: no podía ser nadie. Aquel rostro marcadamente pálido, aquellas ensanchadas ojeras que vagamente había contemplado él por un segundo. ¿Quién era? Y luego, ¿por qué aquel ser misterioso rezaba frente a la tumba del padre de Antonio? Debe tenerse en cuenta la condición física de Antonio para poder apreciar la crisis torturante que se lleva a cabo en el proceso de este desagradable suceso. Antonio hacía meses, poco más o menos, que, hundido en el vicio, había por completo descuidado su persona física. Como es fácil imaginar, durante este tiempo se había alimentado mal, considerablemente mal.

Unido a esto que trae gran desgaste físico habrá que tomar en cuenta sus grandes torturas morales desde la muerte de Rosario y de su padre, don Ramón Ortiz. Luego con la muerte de este último, sus dificultades económicas y también morales y físicas por idéntica causa. Finalmente, el viaje penosísimo de largos días de camino y largas noches sin sueño, tirado como huérfano a merced de las lluvias, el frío, la intemperie de aquellos desiertos. Unido a esto la falta y la necesidad de alimentos para fortalecer el organismo y luego la contribución del cansancio para disipar las pobres energías de aquel cuerpo completamente trabajado y falto de toda ayuda. Horas de pena material, la imaginación enferma que se pinta cuadros negros, la desesperación enfermiza. Y.... como lógica consecuencia, los nervios en plena libertad como si fuera una partida de perros rabiosos, destrozando la vida, los restos de aquel organismo abandonado a merced de la más triste suerte... Ya podrá, pues, desprenderse, qué efectos en un organismo así podría tener el suceso de que hablamos, siendo como es, digno de enloquecer a cualquier ser humano.

Cansado y horriblemente atacado de los nervios, el pobrecito Antonio que ha permanecido por largo tiempo observando por aquel agujero macabro, se decide por fin a abandonarlo todo antes de morir. Quiere, sobre todo, aire para sus pulmones, pues apenas puede respirar. Está cansado, terriblemente cansado. ¿Rosario? Es posible que ella, su novia, que murió hace meses, haya salido de su propia tumba para ir a rezar a la tumba vecina, la de su padre, a quien ella quiso y respetó mucho. ¿Rosario? Pero ¿es acaso posible que los muertos salgan fuera de las tumbas? ¿Rosario? ¿Es acaso posible que ella no haya muerto? ¿Pero, y esa palidez de muerto? ¿Esas ojeras tristes y profundas? ¿Rosario? ¿No es acaso Rosario?

Pero, y aquel cabello crespo y sedoso y la nariz aguileña y el rostro creer Antonio que Rosario no había muerto. Mas... y por la primera vez, un pánico de escalofríos principió a atacar a Antonio horriblemente. Luego sintió que se ahogaba y quiso respirar aire libre. Despacio, tembloroso, con sudor sobre la frente, haciendo fuerza en los zapatos rotos, principió Antonio a andar. Sentía que los nervios lo deshacían; luego sintió una sed desesperada y finalmente un gran cansancio. Ya no quería Antonio torturar más su cuerpo resolviendo el misterio. ¿Rosario?... y con el nombre en los labios se dejó caer temblando, nervioso, debajo de un alto árbol de pino al salir del cementerio. Quiso así descansar, olvidar tan extraño suceso; tratar de no volver a acordarse nunca más de aquello que había visto. Pero todo fue imposible, completamente imposible, la figura de la mujer desconocida se le presentaba en la imaginación y con ella la cruz frente a la cual la había visto:

Ramón Ortiz, muerto en noviembre de 19...

No había duda; había que resolver aquello antes de poder descansar, de buscar agua para la fiebre enfermiza, la sed enfermiza que lo devoraba. Era como una pesadilla. Luego el cuadro lo torturaba más y más a cada momento. Se convenció que a pesar de su cansancio aquella posición bajo aquel árbol le resultaba incómoda y se sentó... Súbitamente, al no más tomar posesión de esta nueva postura, vio a la mujer misteriosa que saliendo del cementerio se dirigía hacia donde él. Entonces, hasta entonces la condición moral y física de Antonio fue otra, muy distinta, por cierto. Ya no fue ni el hombre que duda, que sufre por la solución de una duda, ni el hombre que se siente cansado físicamente, ni el hombre que sufre la tortura interior de contemplar un misterio así, de tal magnitud. ¡No! Lo que entonces le pasó a Antonio fue peor, mil veces peor. ¡El miedo!, el horrible miedo que ataca a los niños en los cuartos oscuros, o el espantoso miedo de la gente supersticiosa que cree en aparecidos. El miedo, el miedo a la noche, el miedo a la sombra, el miedo sin límites del hombre cobarde que cree en seres sobrenaturales. ¡El miedo! ¡Pero el peor de todos los miedos!

El miedo enfermizo de un hombre que no creyó jamás en la existencia material de seres que se han enterrado. El miedo del hombre vencido, del hombre que, a pesar de no creer, ve la realidad y se declara vencido. El miedo nervioso de un hombre cuyo organismo se encuentra en miseria y pobreza... El peor miedo: huir de la mujer que adoramos; huir de lo que más quisimos en la vida, en la tierra; huir, huir, sin poder razonar sobre el particular; claramente, con menosprecio de nuestra moral y deberes de hombre... huir, huir...

Y la mujer lentamente seguía la figura de Antonio. Con el día opaco, aquella tarde parecía la entrada de la noche; las sombras de Antonio y la mujer se recordaban en la llanura desierta, muy claramente porque a sus lados triunfaba la ausencia de luz. Mas, Antonio, por su condición física o por su curioso estado moral, muy luego llegó a convencerse de que se encontraba materialmente destruido; no podría andar, el cuerpo le pesaba; sentía como si un barril de clavos llevara sobre los hombros.

Y aquella idea cayó como golpe sobre su cuerpo y rodó por el suelo: ¡cansado, completamente rendido! Tuvo apenas las suficientes fuerzas para volver la vista hacia el lado de su perseguidora y ya sin emoción vio que a cada momento ella se acercaba más hasta el lugar en donde él se encontraba. Cerró los ojos para morir. Una fiebre devastadora que aumentaba a pasos acelerados tomó posesión de aquel pobre y destruido organismo. Y entonces perdió la razón...

Dos días más tarde, un médico de cabecera pudo arriesgar una opinión favorable sobre la salud de Antonio. Dos días de lucha contra la muerte. Al tercero, ya había señales de vida. El mismo se sorprendió fuertemente al volver al país de los vivos... Había vagado muy lejos de la tierra.

Lo que Antonio vio al abrir los ojos después de esos tres días en que fue prisionero de la muerte, es para matar al hombre más fuerte de la tierra... Abrió los ojos y los volvió a cerrar; se conocía que estaba sumamente débil y que apenas podía apreciar —después de las tempestades porque había atravesado su vida como en un mar sin puerto— las figuras que se cruzaban al frente de él. Por la tarde de ese día, al anochecer, volvió a abrir los ojos. ¿Os imagináis que fue lo que vio él?...

Estaba en su propia casa, en aquella casa pequeñita, pero limpia y bella como ninguna, ahí, en la casa de su padre; a su lado, como en los días lejanos e inolvidables, se encontraban todos, todos... como en un sueño. Fernando a su lado derecho, Julia a la izquierda tocaba el piano, aquel mismo valse que a Antonio le arrancaba lágrimas. (Todo, todo como en los días lejanos). Y más allá, allá detrás de todos, Edgardo, el mismo de antes, con aquella carcajada típica. Antonio lo reconoció mejor que a todos y quiso reír, pero no pudo, creyó que soñaba y se pasó dos veces la mano por la cara, comprendió él mismo su gesto ridículo y cómico y súbitamente, como en una gran pesadilla, oyó que reían todos... Brindamos por ti, gritó Edgardo, por fin, y al pararse le habló sin poder aún contener su risa burlona y cruel: "Antonio; recuerdas cuando te dijimos que haríamos muchas pruebas para probar tu cariño para Rosario?...

Rosario estaba detrás y Antonio no la había visto. Cuando él volvió la vista, ella le clavó una mirada profunda, pero poco clara: parecía que en aquellos ojos se expresaba ternura, lástima, resentimiento, pesar, angustia, amor...

CUENTO DOLOROSO

La vida de Luisa Alcántara, que llegó a ser la señora de Plaza y que vivió con su marido en una casa de piedra de Las Misiones, fue una tragedia por falta de comprensión. Antes de que mujeres así puedan ser reconsideradas y sus vidas comprendidas, mucho, mucho habrá por hacer.

Nacida de una delicada y enferma madre y de un impulsivo, duro e imaginativo padre que no miró con buenos ojos su venida al mundo, esta muchacha tuvo que ser neurótica, uno de los de raza de supra— sensitivos, que ahora en los últimos años viven solitariamente.

Por el tiempo en que Luisa vivió en Las Misiones era una criatura silenciosa, enferma, deseando amor más que otra cosa y sin conseguirlo. Cuando cumplió los quince años se fue a vivir con la familia de un tal Alberto Plaza, que tenía una tienda de jabón y que por ese tiempo era miembro de la municipalidad del pueblo.

Luisa entró en la escuela de esa época y se fue a vivir allí porque Plaza era un gran amigo de los Alcántara. Alberto Plaza, vehículo del comercio de Las Misiones, era también un entusiasta en el asunto de educación. El mismo se había abierto campo sin aprender nada en los libros, pero estaba convencido de que, si él hubiese ido a la escuela, mejor suceso habría obtenido en su vida. A todos los del pueblo que llegaban a su tienda les hablaba de esto.

Tenía Plaza dos hijas y un varón, Juan, pero lo singular es que a éstos no les gustaba la escuela. "Aborrezco los libros y aborrezco a los que les gustan los libros", declaraba Enriqueta, la menor, con apasionamiento. En la casa de esta familia, tampoco Luisa se sintió bien, sin embargo, ella pensaba que había dado un paso en vía de su libertad. Luisa tenía la creencia singular de que ella era una prisionera. De día, de noche, por la mañana, siempre miraba el horizonte con un suspiro que se le ahogaba en la garganta... Por el tiempo en que Luisa cumplió sus 17 años llegó a captarse la antipatía y hasta odio de las hermanas Plaza: María y Enriqueta. El motivo principió por su aplicación a los estudios en la escuela. Como ella era tímida y muy débil, sábados, domingos, todo el tiempo se encerraba en su cuarto a estudiar sus lecciones, y naturalmente llegó a captarse el cariño de su maestra. Una noche, después de terminada la cena, Alberto Plaza empezó a elogiar a Luisa. La maestra había hablado bien de ella y él se sentía contento. "Bueno, tenemos buenos informes"—dijo Plaza mirando después con seriedad a sus hijas. En la escuela y fuera de la escuela, todos en Las Misiones hablan bien de Luisa, yo me siento avergonzado de que no hablen así de mis hijas".

El cuarto ocupado por Luisa en esa casa era pequeño y tenía dos ventanas. El hermano de María y de Enriqueta tenía el cuidado de abrirlas siempre porque la madera era muy pesada. Cuando él entraba en el cuarto, Luisa pretendía estar muy ocupada con sus lecciones, pero a hurtadillas lo observaba muy detenidamente. Cuando él salía, ella sin saber por qué, se sentía avergonzada. Otras veces trataba de conversar con él, pero no hallaba nada a propósito de qué hablarle y cuando él salía ella se sentía enojada con ella misma y con ganas de llorar. De este modo fue cómo empezó a pensar muy a menudo en Juan Plaza. Ella pensaba que en él encontraría las cualidades que buscaba en otras personas. Una vez había creído que entre ella y los demás había un muro. Creyó, también, que lo que ella necesitaba era un acto supremo de valor para poder asociarse con las otras personas: "Así viviré otra vida", se decía ella suspirando. Llegó a sentir amor por Juan Plaza.

Dos semanas más tarde Luisa se decidió a escribirle una atrevida nota a Juan Plaza. Ella misma la metió por el agujero de la llave del cuarto de él. Había creído que, si no hacía esto al momento, después le faltaría valor. Le decía: "Tú eres, Juan, el que amo y sé que me quieres... Si esta noche haces ruido cerca de mi ventana te voy a abrir, el otro día oí tus pasos allí... Adiós" ... Luisa.

Después de esto, Luisa se arrepintió tanto que llegó a creer que no deseaba que Juan viniera a la ventana. Ella no sabía qué era lo que quería. Puede ser que el enfermizo deseo de las mujeres de treinta o treinta y cinco años que desean ser cortejadas con apasionamiento por un hombre joven y fuerte, atormentaba a Luisa, pero tan vaga era la noción que ella tenía de la vida, que suponía que el solo roce de las manos de Juan podría satisfacerla. Y se ponía a pensar si él podría entenderla. Al día siguiente, profundamente avergonzada y triste, trató de huir de los ojos de él... se ausentó de su cuarto esa vez y regresó hasta que estuvo cierta de que Juan había ido a cerrar las ventanas de su cuarto. Cuando después de varias noches de asidua y constante observación no hubo oído ningún ruido, terriblemente arrepentida deseó morir. La pena moral la trastornaba dentro de sí misma.

Y por fin una noche de octubre, dos o tres semanas después de haber escrito el atrevido papel, Juan Plaza vino a donde ella. De tal modo se había ella olvidado de esto, que por largo tiempo no oyó la voz que venía de entre la oscuridad. En la tarde del viernes anterior, mientras Luisa se dirigía a visitar a su familia, iba atravesando el campo desierto en compañía de un pequeño sirviente; y un raro instinto la hacía personificar en él la persona exacta de Juan: el pequeño sirviente, simpático, con cabello crespo, hijo de crianza de los Alcántara, había venido a llevarla e iban los dos en una carreta tirada por bueyes. Ella actuaba muy extrañamente para con él. Él manifestaba timidez y parecía enojado. Luisa súbitamente, bajo el peso de las contrariedades empezó a evocar bajo aquel sol de fuego, la tristeza de su niñez lejana, y con un hondo suspiro, el dolor nuevo que ahora la atormentaba. "Odio y aborrezco a todo el mundo" —dijo con los ojos nublados de lágrimas—. "A mi papá y a Alberto Plaza también los odio" —el muchacho en tanto la miraba con mucha sorpresa—. "Voy a la escuela y aborrezco eso también" —terminó. Luego después de un tiempo quiso volver a poner a prueba la infantilidad de su compañero, y empezó a acercarse, poco a poco, hasta rozarlo con su cuerpo. Vagamente evocó todo el proceso en el cual el novio de María había dado un beso a ésta; empezó a divagar así por un largo tiempo hasta que notó que el campesino se alarmaba. Este entonces apuró los bueyes que empezaron a correr por el llano: "Este camino es malo, ¿eh?"—dijo él por decir algo. Luisa sin saber por qué, agarró su tapado y lo tiró a un lado del camino. Cuando el pequeño sirviente se bajó para recogérselo, ella apuró los bueyes de manera que él tuviera que caminar el resto del camino a pie...

Desde la noche de la súbita llegada de Juan, Luisa cambió completamente para con él. Se hizo despreocupada y a él le pasó lo mismo. Desde entonces el idilio continuó noche a noche. Eso no satisfacía a ella del todo, pero gozaba dulcemente en verse bajo el yugo de la voluntad de un hombre. Y por esta causa ella no puso resistencia en las acciones de él. Cuando después de mucho tiempo llegaron a comprender que ellos deberían casarse, entonces ambos corrieron a un pueblo vecino y lograron ser casados inmediatamente. Y hasta lograron que los admitiera Alberto Plaza bondadosamente en su casa.

Todo el primer año de su vida conyugal, Luisa trató de hacer entender a su marido, la intangible hambre o sed, que la había impelido a escribirle el papelito, pero que estaba arrepentida. Había veces que se arrojaba en los brazos de él y trataba de hacerlo comprender, pero sin obtener ningún buen resultado. Poseedor él únicamente de un solo amor entre hombre y mujer, en vez de poner atención a las palabras de ella, él la besaba en los labios. Esto llegó a confundirla tanto que concluyó por huir de los besos de él. Ella misma no sabía qué era lo que quería. Cuando el motivo del matrimonio de ellos corrió por el pueblo con grosería, ella por la primera vez, dijo palabras odiosas y amargas. Después, cuando su hijo David nació, ella era incapaz de amamantarlo y ni siquiera sabía si lo quería o no. Algunas veces permanecía en el cuarto con él todo el día; algunas veces lo oprimía contra el pecho y otras veces no deseaba verlo, ni siquiera acercarse al diminuto pedazo de humanidad que había salido de su vientre. Cuando Juan Plaza la reprochaba por su crueldad, ella reía. "Es varón y va a conseguir lo que quiera; de cualquier modo" —decía con frialdad desconcertante.

"Si hubiese nacido mujer yo hubiera hecho mucho por ella".

PERSPECTIVAS

I

Yo que desde muchacho fui frío como una piedra; reacio, seco e indiferente; indiferente hasta con el dinero o cualquiera otra ilusión de lucro: ¡Muchacho tan arisco y repulsivo!... ¡Tan sin nervios!... ¡Aquella frialdad! ¡Aquel gesto de enojado! ¡Aquel mirar!...

No sé, pues, por qué deletreando aquella carta se me cambiaba la expresión de la cara por primera vez en mi vida.

Mis ojos se habían cambiado algo, más de lo común, sonreía algo también. Debí haberme visto simpático porque cambiaba de fisonomía. No quitaba la vista del papel, no movía la cabeza ni las manos. El corazón me golpeaba, ¡pero con qué fuerza!

"Vente hombre, vente a vivir conmigo. Yo tengo mis reales y Chico te dará un puesto de campista aquí abajo. Él es viejo y regañón, pero con vos será bueno porque sabe que sos mi sobrino. Yo no le escribo a tu padre porque no quiero meterme en vainas. Ya sabés cómo mete pleito cuando se habla de vos. Has de ser tonto si no te venís", etc.

"¡Me voy...! Esta vida fregada que llevo aquí abajo... ¡Qué diablo, me voy!" Y me puse a liar la cobija sin decirle adiós a nadie.

II

Una noche después de algún tiempo de vida en la casa de mi tío, la mujer de éste me dijo que como él estaba ausente, quería que yo la acompañara. Yo recuerdo que acepté emocionado y alegre...Imagínese cualquiera cómo sería para un mocetón, criado en el campo como yo, tener cerca y en lugar solitario, aquella mujer hermosa, porque era hermosa la mujer de mi tío, lo que había pasado era que mi tío era rico... Por lo demás, ¡nunca! Ella lo decía: "Si yo me casé con él fue porque me lo echaron encima; yo no soy tonta para casarme con un viejo... y perdona que lo ofenda en tu cara, pero es la verdad".

Ella tenía razón pues mi padre que era el menor de los hermanos, contaba 51 años. Y mi padre siempre decía: "Cuando aún no me habían destetado a mí, ya José Ramón se echaba al lomo un matate de maíz o jineteaba un potro. Esto quiere decir que mi tío era hombre viejo... y ella joven y rosada...

Después de un rato de charla, me agarró de la mano y me dijo: "Siéntate aquí; ¿cómo que me tienes vergüenza, muchacho?". Sí, le tenía vergüenza porque nunca me había arrimado a las mujeres. Sólo a mis hermanas. Además, ya he dicho cómo era: tan serio, tan mal encarado. Tan desconcertante mi figura.

Me molestaba una risita estúpida que no podía contener y para disimular me puse a atizar el fuego. Esto era cosa de nervios y ella así me lo dijo después: "Estás nervioso Juan". Me preguntó también que, si había tenido una novia, yo le dije que no; pero tenía ganas de decirle que quería tener una. Al día siguiente, empecé a sentirme más a gusto porque comprendí que me estaba enamorando de la mujer de mi tío y que ella lo regañaba menos desde que yo estaba en la hacienda; pero, sobre todo, porque ella me miraba bien a mí. Hasta los criados me lo habían dicho: "No seas flojo, tú pareces tonto". Yo que ponía atención a todo, decía: "Sí, tienen razón" ...Pero cuando más me entusiasmaba era cuando oía decir a ella (dirigiéndose a mi tío): "Yo quiero que Juan se quede conmigo por—que yo no puedo estarme sola" ...

III

Aquella mujer empezó a ser mala por mí. Me remordía la conciencia, sin embargo. Y mi tío tan bueno conmigo. Pasaban los años y nosotros vivíamos como marido y mujer. Siempre como marido y mujer. Pero cuando más nos alegrábamos, era cuando nos acordábamos de la herencia... porque el dinero de mi tío tenía que venir a donde nosotros; a donde nosotros y nada más que a donde nosotros, puesto que éramos los únicos herederos.

Me decía ella a mí: Juan, vamos a ser felices, verás. Yo sonreía como un cínico, echándome la copa del sombrero sobre los ojos. Le quería decir que sí, pero no hacía más que reír... ji ji... ji ji...ji...ji... Recuerdo que había veces que mi tío parecía serio y me preocupaba un poquito. Ella no se preocupaba nunca, más bien solía decirme: si yo fuera él, hoy mismo haría el testamento y zas, te daba a vos lo tuyo. ¿Tuyo? ¿Y lo de ella no iba a ser mío, pues?

Aquello me dejaba sin dormir y hasta me hacía pensar mucho, pero con mi modo extraño todo lo olvidaba pronto. Luego pensaba que mi padre iba a tener envidia de mí. Se iba a sentir orgulloso de tener un hijo así. Yo, aquel muchacho haragán que él tenía en la casa. Iba a parecer mentira. Mis hermanas, mi madre, la pobre viejecita qué iba a decir de mí. Yo, rico, joven, con mujer... (y entonces decía: la mujer de mi tío... de mi tío—repetía).

Me revolvía en las cobijas y pensaba que mi tío era tonto. ¿Por qué era bueno conmigo? ¿Por qué?... Yo no lo sabía...

IV

Una noche mientras roncaba como en un paraíso, sentí que alguien tocaba la puerta que quedaba para afuera.

—Muchacho, levántate, apúrate (hacía un frío del diablo. El hielo se colaba en los huesos). Umg... umg... y me volví a quedar dormido.

Entraba una lucecita muy apenas por la rendija de la puerta y pensé en levantarme. Qué diablos querrá esta mujer y abrí la puerta, pero ella ya se había ido. Era demasiado temprano, así como las cuatro de la mañana. Acabé de vestirme y me fui al dormitorio.

—Juan, Juan, ya es tarde.

—¿Tarde de qué, mujer?

—Ya se murió...

—Se murió... ¿Quién?

—Tu tío, tu tío ¿no entiendes?

Y me echaba los puños de las manos en los ojos (tuve ganas de estrangularla por primera vez en mi vida, pero no le dije nada).

¿Cómo había pasado aquello?

Ella no lo sabía. Él había regresado de noche en compañía de un sirviente y después se había puesto a escribir cartas que guardaba Chico, el mayordomo. Había regresado enojadísimo. No había querido comer nada. No había querido hablar a nadie. Ella que sabía que padecía del corazón, siempre pensó que aquel disgusto sin motivo lo iba a matar. Me acerqué y ví que efectivamente no podía menos que haber muerto del corazón, con aquel disgusto sin motivo, así inesperadamente. Vistámoslo —le dije— y preparémonos para velarlo esta noche. La mujer parecía estúpida con el cabello en los ojos y la boca crispada. Poníamos manos a la obra cuando, súbitamente y mientras yo hablaba de ese modo, sentí en mi cuello una garra, una cosa tremenda, una especie de antena o tenaza sobre mis hombros. ¿Qué es?... Y no pude decir más. La mujer de mi tío había salido huyendo. Seguramente lo que a mí me pasaba era una cosa espantosa. "Lee —me dijo Chico—. Lee y si no te destripo. ¡Lee sinvergüenza, malagradecido!".

Y abrí por fin mis ojos ante el papel que él me presentaba mientras me seguía apretando con la mano peluda. Sentía que me ahogaba y entre vivo y muerto pude con trabajo deletrear el papel:

"Chico, esto me ha matado. Tan pronto como me entierres manda al pueblo por el inspector para que lleve a la cárcel estos malagradecidos, pues es mi intención que no sigan estropeando mi honra después de muerto"... Y abajo del papel yacía la firma garabatosa de mi tío...

EL MÉDICO

I

Después de un arduo día de camino, a lomo de mula, y cruzando por montañas y riscos escabrosos se encontraba completamente agotado. Atardecía. Ya habían entrado al pueblucho y como pasa generalmente en estos casos, toda la gente salía a las puertas y ventanas para verlos pasar, a él y a su sirviente... Metió espuelas a la mula y siguió. Montaba una pequeña mula, de orejillas pequeñas y rectas como hojas de ciruela. Se echó el sombrero de palma sobre los ojos y siguió.

—¿A dónde?

—Ahí, por ahí—le dijo el sirviente, y echó la mula por un callejón que seguía a la plaza y con cuatro postes en las esquinas respectivas que apenas permitía penetrar en él.

Iba ya a penetrar en otro callejón más estrecho y sucio que el anterior, cuando desde la ventana de una pequeña casa, con el tejado moruno, casi sobre la calle, oyó que lo llamaba una persona conocida:

—Por aquí, Dr. Cevallos, por aquí...

Volvió la bestia hacia el lado en que le hablaban y fue a dar de boca con un viejecillo nervioso y platicón, que casi se animó a desmontarle en peso.

—Le hemos estado esperando. Mi familia ha estado preocupada, pensando que algo grave le habría sucedido. Pase adelante, hombre. Está en su casa. Ya descansaremos y después a la cena porque ya está preparada.

Efectivamente, para un hombre que ha andado bajo un sol de fuego todo un día, aquél era un oasis.

Luego ya en el comedor y frente a toda aquella familia tan respetuosa y deseosa de servirle, no pudo menos que sentirse bien.

—Pero antes de esto, ¡qué exclamaciones! —la de la señora y la del señor. "Pero si es un hombronazo el doctor. ¡Hija, su abuelo en persona!, ahí están sus ojos, sus manos, su cuerpo, aquel su cuerpo para saludar, su sonrisa, la expresión de la cara...

Las tres muchachas, hijas de aquel señor, tímidas y reidoras, le miraban con malicia y luego soltaban la risa oyendo las exclamaciones de los dos viejos, que hacían recuerdos de toda su familia. El Dr. Cevallos, en tanto permanecía callado, dejándose manejar como un tópico gastado... Las muchachas, hijas de aquel cariñoso matrimonio, no eran ni feas, ni bonitas, un poco pálidas y reidoras; pero como muchachas de pueblo, poco atractivas. Parecía que cuando una movía un dedo, las otras dos lo hacían así, cuando una decía sí, las otras decían sí, cuando una se arreglaba el traje, las otras hacían lo mismo, etc., etc.

II

Otra escena se desarrollaba en ese momento, cerca de ahí:

Cerca de ese pueblo, en esa noche, viajaba un hombre con su sirviente. Era una gran noche borrascosa. Ni una voz, ni una luz y apenas se oía el eco lejano de un búho. El frío que rugía en la ramazón y chillaba en las rendijas, se entraba hasta los huesos. La montaña inmóvil parecía una gran sombra...

—Patrón— dijo el sirviente de ese señor que viajaba— voy a querer los cinco pesos.

—Los cinco pesos —contestó éste—. ¿En qué vas a emplear el dinero en esta noche?

—No, los emplearé mañana. Los debo y tengo que pagarlos porque yo pago lo que debo.

—Todos pagamos lo que debemos, hombre—dijo el patrón.

—Sí, sí... ¡ump!—dijo el criado y no pudo seguir.

(Había querido probablemente decir cosas enojosas e injustas con respecto a los cinco pesos. Tal vez habría querido salir de aquel mal paso agarrándose de la coyuntura de un pretexto tonto).

—Voy a querer los cinco pesos, patrón.

—Pero, hombre, tú no me respetas, ¿estás ebrio? ¿Qué te pasa?

—Sí, sí... ¡ump! ...estoy ebrio de tanta vaina. Si tuviera cinco pesos compraría guaro para emborracharme...

—¿Para emborracharte?... Yo no doy dinero para emborracharse. Tú eres un majadero y de todas maneras no estoy dispuesto a darte los cinco pesos. (El criado se encogió de hombros y luego se agazapó, como el tigre que ve su presa). Lejos, parecía que la misma soledad hablaba a fuerza de contener su propio silencio.

Era el momento.

—Patrón—rugió de nuevo el sirviente—si no me da los cinco pesos, esta noche no saldrá al camino, éste no es el camino; y diciendo así sacó el machetón. Era un cuchillo largo y bien afilado. Estaba seguro que lo asesinaba; que se vengaba...

(Le alegraba saber que el patrón llevaba una cartera de billetes y que no tenía arma ninguna. La mula, finalmente le serviría para evadirse).

III

La noche anterior a ésta, el favor de la sombra proyectada por el techo de tejas negras, sobre el lado derecho de la casa de campo y con la cautela de un ladrón lleno de precauciones, se había visto la sombra de este mismo sirviente. Empujó éste la puerta de la cocina, paso tras paso, los pies como puestos en el aire, la respiración como apagada y los ojos como llamas. Tocando aquí y allá, viendo a uno y otro lado, guiado primero por el sentido del tacto y después por el de la vista.

Tocó el portal de madera de pino, estiró más el brazo y contingencialmente las yemas de los dedos fueron a pegar con un tizón encendido, pero retiró con rapidez el brazo, las manos y luego se las llevó a la boca para apagar el dolor. Luego siguió adelante, siempre adelante, con los brazos en alto; siguió caminando. Tocó una silla que encontró en el camino, la cogió y la puso en un lado sin hacer ruido. Por fin, las puntas de los dedos fueron a dar con una cosa abundante y derramada en donde hundió los brazos. Era sin que pareciera, la cabellera de Juana, la criada. Esta parecía dormida con la cabeza sobre las rodillas, pero al sentir aquella manaza llena de pelos y de tierra no pudo menos que despertar.

—A qué venís a estas horas? ¿A qué venís?

—A verte. Ver si estabas dormida; y decirte... que...

—¿Qué querías decirme?

—Que me voy mañana y que me voy a estar un par de semanas por allá y....que... ¡veremos!

—¿Qué veremos? Hablá, no tienes boca?...

(Al decirle así, la muchacha le lanzó una terrible mirada de odio y como si un pensamiento le pasara por la cabeza volvió los ojos con presteza hacia la puerta).

—Pues que ese hijo de...

—Hijo de qué... ¡Hablá!...

Era cierto, el mismo patrón joven y embaucador de mujeres la había besado repetidas veces. (Ella se había dejado besar con gusto porque era una pobre muchacha ingenua. Desde aquel momento había dejado de querer y corresponder al sirviente. A ella no le importaba que hubieran celos. No le importaba porque era libre y nadie la mandaba. Tan libre como el cielo que contemplaba. Se volvería a dejar besar una... dos... veces... ¡oh!... ¡siempre! ... ¡siempre!...

(Mientras tanto el pobre sirviente, como un idiota, yacía tirado en el piso en una posición ridícula).

—Me voy a ahorcar como un perro viejo porque ya no me querés, me voy a ahorcar...

—Si te ahorcás sos un tonto. ¿No hay más mujeres que yo?...

IV

(Por el tiempo en que el Dr. Cevallos hacía sus estudios de medicina y cuando no era más que un mocetón de veinte años, ya su padre pensaba mandarlo a practicar a ese pueblo; gran amigo de la gente de pueblo, les decía a éstos:

—Mi hijo estudia medicina. Quiero tener un médico en la familia. Es muy útil un médico...)

V

Dormía, pues, el Dr. Cevallos al abrigo de aquel cuarto que se le había preparado, dormía como sólo puede dormir aquel que sepa cómo es una jornada de 14 leguas en el corazón de un desierto del trópico. Y reposaba feliz bajo la protección y servicios de aquel anciano que, por ser amigo de su familia y por ser él médico, se ponía a sus órdenes, desde luego. Dormía el plácido sueño de los pueblos pequeños, donde la paz es señora de rústicos dominios. Dormía tranquilamente, cuando a eso de las 2 de la mañana fueron requeridos sus servicios profesionales. En compañía de un señor (debió ser juez de lo criminal o algo así) salieron fuera de la ciudad a tomar nota del crimen que a pocos pasos se había perpetrado. Antes de eso él había hecho la primera curación en casa, pues la muchacha (la misma muchacha Juana) que vino a notificarles del suceso, trajo una gran herida en el dedo pulgar de la mano derecha y otra un poco leve en el hombro izquierdo. Estaba muy frío el ambiente y su compañero de viaje (que conocía el pueblo a las maravillas) invitó al doctor a beber una copa de mal licor que llevaba consigo. Mientras tanto, la muchacha relataba todo con detalle: el patrón, de apellido Bulnes, hombre joven y adinerado, de veinte y ocho años de edad, tenía a su cargo al sirviente desde hacía varios años. Pero hacía días que éste se preparaba para asesinarlo en aquella misma noche. El criado lo iba a asesinar por celos. El patrón había faltado al respeto de su novia (la muchacha Juana). Ella con un fusil en las manos los había seguido a pocos pasos durante todo el día y parte de la noche, esperando que el crimen se consumara para poder intervenir.

VI

Pero los servicios del médico no se pusieron a prueba aquel día. Llegaron tarde. Probablemente hubiesen salvado la vida del señor Bulnes. Esta fue la opinión del médico, luego después de tomarle el pulso. El sirviente estrangulado por las manos hercúleas del patrón, había caído a un lado del camino, completamente muerto; pero al otro no lo encontraron sino mucho tiempo después; había andado arrastrándose por largo tiempo, hasta llegar muy cerca de una fuente donde apagar la sed. Este hombre, indudablemente, murió de sed. El golpe que había recibido con el revólver no era grave.

LLUVIA

Las piedras y las aceras de la calle relumbraban bajo la lluvia. Había llovido desde las cinco de la mañana. La gente aún no se había levantado cuando la lluvia había principiado a caer. El viento había principiado a soplar y luego una llovizna constante había empezado a caer en el pueblo. A veces había un intermedio y luego empezaba a llover nuevamente.

Miguel Morales era el único que había quedado en la tienda. "Parece día de invierno—dijo Miguel—y yo que tenía un viaje afuera, pero lo voy a dejar para después. Nunca es tarde, cuando un hombre quiere hacer las cosas siempre hay tiempo. Lo que se necesita es buena voluntad. Eso es todo".

En ese momento, Martínez, el dueño de la tienda, estuvo presto a cerrar la ventana entreabierta. Del lado del sur principió a correr una corriente de aire frío.

—"Voy a cerrar la tienda este día; no se vende mucho cuando llueve; a la gente no le gusta mojarse; además, no me siento con ganas de trabajar hoy"—dijo Martínez.

—"Préstame un paraguas—le dijo Miguel—, he estado con catarro y puedo obtenerme una pulmonía. Además, mi casa está lejos y voy a tener que mojarme. ¡Préstame el paraguas, hombre! En la mañana te lo traigo yo. Pierde cuidado, en la mañana te lo traigo".

De la casa de enfrente—que era un edificio de escuela muy grande—una parvada de niños de todos tamaños principió a salir; todos los niños del pueblo estarían allí. Parecían pajaritos corriendo y mojándose en la lluvia.

"¡Niños, no se mojen, por Dios, no se mojen! ¡Les va a hacer daño!"—dijo la maestra, casi una niña también—con una sonrisa

encantadora y un poco sonriente al ver a Miguel Morales que después de despedirse de la tienda de Martínez, se iba acercando bajo del paraguas a donde ella.

Al ver que Miguel se iba acercando directamente para donde ella, la maestra le dijo:

"No nos podemos ir, dichoso usted, que tiene paraguas, Miguel. ¡Qué día este, parece día de invierno! Y así fue el año pasado, ¿se acuerda?"

Empezaron a llegar de pronto varias sirvientas, todas las sirvientas y ayas de los niños de la escuela empezaron a llegar. Llegaban las criadas con sombrillas, con paraguas, con cobertores y a poco los niños fueron disminuyendo, todos los niños se fueron ausentando para sus respectivas casas en brazos de las mujeres.

—"Sólo yo no tengo quién me lleve —dijo la maestra—. Pobre yo" —repitió.

En ese momento la lluvia arreció más, cada momento más.

Entonces la maestra le dijo a Miguel: ¡Entre, por Dios, Miguel! Se está mojando los pies. ¿No ve? El entró entonces. El se sentó, ella se sentó al lado. La lluvia era más fuerte ahora. De cuando en cuando pasaban sombras de personas embrujadas al través de la mampara de la ventana.

—¿En qué piensa, Miguel?

Miguel se había quedado efectivamente pensando. Lo que Miguel pensaba era el siguiente pasaje de su vida:

Una noche oscura, en un largo camino solitario y mientras la noche llegaba, él, muy niño aún y en compañía de su padre, súbitamente se encontraron bajo de una tempestad terrible. Estaba Miguel muy niño entonces. Y habían llegado por fin a un rancho humilde en donde habían pedido hospedaje. Luego, unos hombres serios y con bastones gruesos como hechos para pelear, habían llegado. Miguel había tenido miedo, un pánico terrible de los hombres. Y por la noche cuando todos se habían retirado a dormir, en vez de desnudarse, Miguel se había puesto en guardia con el revólver de su padre. El creía que aquellos hombres iban a esperar que su padre se durmiera para acercarse a donde él y robarle. Pero como Miguel permanecía sentado en su cama oyendo el ruido de la lluvia, finalmente y a pesar de sus intenciones, el ruido monótono de la lluvia lo había adormecido contra su voluntad. Esto era precisamente lo que Miguel le quería comprobar a su interlocutora: que la lluvia tiene una tendencia a adormecer...

También en esta pequeña experiencia de Miguel pasó algo que tiene que ser recordado por su nota cómica, así como porque nos pone de relieve una costumbre que en el occidente de Honduras y especialmente entre los indios, es común. La nota es esta: Cuando Miguel le había contado a su padre lo que él había hecho durante la noche, el padre de Miguel se había reído porque aquellos hombres, con aquellos bastones gruesos, formaban la municipalidad del pueblo...

—Yo le voy a contar otra cosa, Miguel—le dijo la maestra—. Sí, es verdad, la lluvia sabe sugestionar; y es cierto también que la lluvia con el ruido sabe adormecer, así como le pasó a usted. Pero yo le voy a contar un cuento, en que le voy a probar que la lluvia también puede sugestionar. Fíjese lo que le cuento: ¿la lluvia hay veces que produce tristeza, deseos que no comprendemos y otras veces alegría como esos muchachitos que acaban de salir de allí, ¿los vio? ¡Cómo corrían! ¿verdad? ¡Qué felicidad!

—Pero otras veces trae otras sugestiones, le voy a contar esto; pero es un cuento y no se vaya a reír de mí, porque si se ríe ya no se lo sigo contando. Pues bien: cuando yo sólo era una niña vivía en una casa de campo. Era una casa donde habían frutas y gallinas. Allí me crié y allí viví varios años con mi madre. Mi papá había muerto.

Tenía un primo que se llamaba Rodolfo y era menor, tres años menor que yo. El me trataba con algún respeto, pero yo sabía que le gustaba y le daba oportunidad para que se me declarara. El día de que le hablo era exactamente igual a éste; había llovido desde temprano hasta tarde de la noche. Y Rodolfo había venido a ver a tía Marta—como él llamaba a mi mamá—y yo estaba alegre porque sin hermanos y teniendo sólo doce años, me ponía triste a veces. Pues lo invité para que fuéramos a ver una colmena no muy lejos de allí. Pero sucedió que yo andaba descalza y una abeja me picó en un pie y como no podía correr, nos metimos a una cueva. Allí estuvimos horas y horas contemplando la lluvia y esperando que dejara de llover. A mí me dolía el pie mucho y para detenerme porque estaba parada en un solo pie me agarré de un brazo de Rodolfo. Rodolfo sin decir nada contemplaba la lluvia y ninguno de los dos hablaba hasta que súbitamente, sin darme cuenta, pues me estaba durmiendo, sentí un beso... en la frente. Cuando abrí los ojos noté el susto de Rodolfo que me tenía, como dije, algún respeto. Le pregunté que por qué lo había hecho y no me había respondido. Yo me había puesto a llorar y me había venido para la casa debajo de la lluvia... Bien, mucho tiempo después de esto, varios años después, cuando él era ya grande y tenía confianza conmigo, le preguntaba yo eso y él me decía: "Yo no tuve la culpa. La culpa la tuvo la lluvia, yo estaba mirando la lluvia mientras tú te detenías de mis hombros. Mirando la lluvia y viendo los pájaros volar, sentí un deseo de hacer algo, de correr, de brincar, de agarrarte y correr contigo bajo la lluvia. Luego, sin moverme, viendo la lluvia monótonamente caer, sentí tristeza. Pensé que las gotas se estaban acabando y que así era todo, todo se acababa monótonamente si uno contemplaba las cosas. Que para que nada se acabara, había que hacer cualquier cosa, cualquier cosa había que hacer...para que entonces la vida acabara con uno... y entonces pensé en besarte... ¡Yo no tuve la culpa!"

Y después me he puesto a pensar que tal vez el pobre tendría razón; que hay veces que hacemos cosas por pura sugestión...y que la lluvia es una de las cosas que más sugestiones nos traen. Yo he llorado a veces viendo caer la lluvia, otras veces he querido estar lejos en otro país y cuando era pequeña corría y saltaba como esos muchachitos bajo la lluvia.

Pero ahora lo cierto es que a mí sólo tristeza me da la lluvia.

Me hace recordarlo todo, viera.

—¿Recordar a Rodolfo? —le preguntó Miguel, que poco a poco creía entender a la maestra.

—No—respondió ella—, de verdad no sé de qué me acuerdo. Más bien parece que me hace acordarme del futuro y que me sugiere cosas y deseos de cosas. No sé. Es maravillosa la lluvia, ¿verdad? Sólo una cosa hay que me sugiere lo que la lluvia. ¿Sabe cuál es? Las llamas del fuego. Pero las llamas del fuego sugieren cosas de la muerte y la lluvia cosas de la vida y aunque sean cosas tristes, recuerdos... ¿No cree usted así, Miguel?

Pero Miguel que no gustaba de tales digresiones por creerlas superficiales, le preguntó:

—¿Qué hora es?, Desde ahí donde está alcanza a ver el reloj de la escuela? ¿Qué hora es?...

APUNTE

Alberto Moll vino a Honduras después de la guerra.

Voluminoso de cabeza, fisonomía en exceso animada para la edad, bigote primerizo, tez lechosa como de fruta madurecida en el sobrado, muy tímido, exageradamente susceptible al rubor y como contraste mandíbula ancha, que denotaba fuerte voluntad, acaso soterrana y en germinación todavía. La música lo guardaba en tensión de nervios; era su particularidad. Su pasión eran los libros: las novelas rusas.

Se dice que una vez en una cantina este hombre habló de su mujer. Profundamente emocionado y descompuesto por el exceso de licor, habló de su mujer: había sido ella una compañera de colegio de la madre de él, es decir, una señora que le sobrellevaba treinta años de edad. Con sus mismas palabras, con su lenguaje de idealista, pero con una sinceridad admirable se dice que contó esa vez como la hubo seducido: el teatro estaba completamente lleno, refería. Yo no tuve tiempo para fijarme en muchas cosas, sólo pude comprender que había muchas personas. No tuve tiempo para observar a los actores. Mirando hacia atrás, contemplé un océano de caras alargándose más allá, casi más allá del poder que mi lugar alcanzaba. Los palcos de fila en fila realzaban sus barnices. El techo era azul y en el medio una anaranjada lámpara colgaba como la luna, tan alta que no miré la cuerda que la sostenía. Todos los asientos eran negros. No sé por qué me imaginé que también el teatro colgaba de amarras de negro terciopelo ribeteadas con flecos de plata que brillaban como lágrimas. La música dulcemente triste y acariciadora me había puesto los nervios en una condición horrible.

Según la intuición que ella me sugería, yo me imaginaba: ora un paisaje bañado de sol; luego una tropa de arácnidos que pasaban por la plataforma. El aire era dulce, con un extraño perfume; era un aire acariciador. Había una inconsciente quietud y un gran silencio. Todos los hombres se percataban de la nerviosidad de mis miembros. Gradualmente las voces de los actores me parecieron llegar más dulcemente, cada vez más dulcemente. Luego, como unos cuchicheos de muy lejos. Después, la música me pareció que no era música: me pareció un eco perdidamente en el cerebro de nosotros. Me pareció una memoria de canciones de la media noche. Luego, me fui quedando como dormido, poco a poco, como todos los demás hombres, como aquella música tan vaga, tan lejana y apenas perceptible. Como las caras de los hombres. Por fin, cerré los ojos para sentirme mejor...

Una mujer estaba sentada al lado mío. Era una mujer rubia y alta. Cuando volví la vista me encontré con sus ojos mirándome. Entonces mi corazón empezó a golpear con fuerza. Volví a cerrar los ojos, pero antes observé entre reojo su figura. Luego, volví a verla en el cuello y allí —otra vez— observé unas hebras de pelo desperdigado. A mí me pareció que eran hilos de oro colgando de una columna de marfil.

Instintivamente no quise volverla a ver más; su rostro estaba maltratado por los años (tendría unos treinta años más que yo).

Mas, después un deseo se levantó en mí, un inmenso deseo —completamente nuevo— de besarla en la boca. Llevaba un vestido negro con encajes del mismo color y empecé a divagar en el contraste que formaría con la blancura de sus senos y de su vientre. Volví a cerrar los ojos por tercera vez. Entonces la música, el poder sobrenatural de la música, el intenso y fuerte poder, había penetrado poco a poco hasta el fondo de mí, como una marea de océano arrollándome las entrañas; como una fuerza que me hacía vacilar en mi propio asiento; temblar con una nerviosidad extraordinaria. Entonces me puse a sufrir la batalla conmigo mismo.

Me pareció que todos los ojos notaban mis preocupaciones vigorosas y sentí que me enrojecía de vergüenza. Hubiese querido. huir, huir; pero mis pies—yo estaba seguro de eso—me iban a flaquear. Cerré los ojos por cuarta vez. Los cerré fuertemente. Me convencí de que las pulsaciones de mi corazón continuaban aumentando y un aire frío empezó a penetrar por cada uno de mis poros.

En ese instante me convencí que, por fin, todos se daban cuenta de los golpes de mi corazón. Me estremecí con todo el vigor de mi sangre. Luego súbitamente, se formó en mí el humillante concepto de que yo era un niño...

No recuerdo haberme levantado, sólo recuerdo que al abrir por sexta vez mis ojos, la boca mía se encontraba unida, completamente unida a la boca de ella. Inconscientemente, entonces, principié a tocar su piel con la yema de mis dedos. Mi voluntad dejó de obrar; déjeme llevar por otra voluntad más fuerte. Luego, principié a sentir un gozo inexplicable de dicha. Después, una franca seguridad en mi vida con la natural ausencia de miedo y preocupaciones. Cuando me levanté, vi a la mujer que más tarde fue mi esposa (compañera de escuela de mi madre). Desde ese día, la amé con una locura inmensa...

AGUIRRE

I

De la misma edad que Aguirre (poco más o menos 29 años) eran los cuatro compañeros con quienes él tomaba sus alimentos. Pero muy diferente de ellos en muchas otras cosas: por ejemplo, en que Aguirre saludaba a la señora de la casa todos los días con mucha atención. Le daba la mano y le preguntaba por Carmen (él decía Carmencita). Los otros eran alegres, él era serio, el más serio de todos. Físicamente, era alto y delgado, con cabello castaño y ojos pequeñitos como perlas. Graciosas gafas con aros dorados cabalgaban en su nariz desproporcionada... Como dijimos antes, era diferente de sus compañeros, sobre todo en el carácter. Los otros bromeaban al sentarse a tomar los alimentos y él decía: "Cállense, hombres, qué dirá la señora" ...

Cuando la buena y robusta dueña de casa no les servía la mesa por haber invadido los pisos de arriba con ocupaciones de índole doméstica, pero diferente, Carmen tomaba su plaza vacante. Se asomaba ruborizada porque era tímida, muy tímida y aquellos caballeros eran jóvenes, preocupados del vestido y con más de alguno había bailado en las fiestas...

—Carmencita no se moleste por nosotros. Nosotros comemos lo que se nos ponga...

—No, Aguirre, no es ninguna molestia —y bajaba la vista con timidez—. Luego alguien por allá, un poco sonriente: "Es verdad, Carmen, yo estoy de acuerdo, ya no se moleste más".

Carmen más ruborizada entonces: "Yo no sé si a ustedes les gusta el café con leche, pero si no es así, díganmelo". Y salía andando, sin esperar respuesta, para la cocina.

Uno de ellos decía entonces: "Pobrecita, se avergonzó". Otro agregaba: "Es una santa mujer, si no tuviera 27 abriles... Si no tuviera... ¡Cállense!". Y Carmen entraba entonces. Entraba a paso ligero. Ella no había oído nada, pero suponía que de ella se hablaba y por eso se acercaba ruborizada a traer una sartén vacía que había dejado olvidada sobre la mesa...

Aguirre, entre tanto, parecía muy disgustado con la cuchara de sopa caliente en la garganta. "¡Qué imprudencia; ¡qué mala educación (él decía cultura) la de ustedes, hombres! ¡Qué podría decir si les oyera! Ellos decían: "Es verdad", y traían el recuerdo de algún fulano para alegrar el momento.

Al día siguiente, la buena señora al servirles la mesa: "¿Qué noticias me traen, niños?... ¿Ya saben que Pablo González?".

—¡Pablo! ¡Y no decían que lo habían matado...!

Mientras tanto Aguirre corría y le brindaba una silla. Ella, en pago no le daba ni las gracias, pero él, como si aquello fuera poco, se sentaba junto a ella, cruzaba las piernas, adoptaba una postura respetuosa o fingida y repetía:

—Con que Pablo González trae la revolución...

II

Así era aquella vida. Cinco comensales en la casa de una señora gorda y una muchacha tímida. De entre ellos, Aguirre es el que más nos interesa y por eso seguiremos tras él.

El desayuno a las ocho en punto; pero Carmen no se había vuelto a asomar... Mientras tanto Aguirre se paseaba en la ancha pieza del comedor de un extremo al otro extremo. Sus compañeros sentados en sus respectivas sillas, jugaban con notoria falta haciendo uso de los tenedores y demás objetos de la mesa. Aguirre parecía preocupado. Empinaba el cuello por la ventana que daba al patio, pero tenía cuidado de retirar el cuerpo con precaución de no ensuciar el bello terno de casimir negro. Luego... ¡No! no lo podía ver. Empinaba el cuello otra vez... En vano, no lo veía; y se iba a sentar a la mesa antes de ser sorprendido por sus compañeros. A poco entraba la señora con el nítido mantel. El, como de costumbre, se portaba atento y respetuoso, pero de verdad no se sentía bien... Al sentarse, como muñeco automático, hacía un gesto, un gesto pronunciado, pero que nadie se había puesto a meditar en qué consistía.

El mismo no se habría fijado en aquel gesto, pues parecía muy preocupado de pocos días a esta parte. ¿Era acaso porque la buena señora servía la mesa? Él no sabía: se preocupaba entonces en su preocupación y acababa por comprender que no tenía apetito. Entonces se limpiaba los bigotes con la servilleta y mirando de reojo a sus compañeros, se murmuraba el mismo: "Estoy enamorado de Carmen y sólo yo lo sé..."

La señora parecía más platicona que de costumbre. Terminó la comida y Aguirre, con gesto resuelto y valiente, dobló la pierna y siguió la conversación. Los demás hicieron rueda a su vez. Hubieron muchos temas discutidos y comentados por la señora y los cinco hombres que le rodeaban. Se reía, a veces, con optimismo y buena salud. Alguien, por fin, sacó el reloj del chaleco perfumado y notó que faltaban quince minutos para las dos de la tarde. Aquella sería seguramente su hora de oficina. Sería él, seguramente, un secretario o escribiente del juzgado de letras. "Si ustedes se quedan, yo me voy". Y se fue. Luego otro. Después los otros. Aguirre, mientras tanto, quedó solo... La señora tendría que fregar los platos en que habían comido aquellos hombres, tendría que dar órdenes en relación con la cena de ese mismo día, tendría que ir a descansar, pues una persona robusta se cansa con prontitud. Tendría que hacer algo, cualquier cosa. Así lo manifestaba su intranquilidad. Pero él, Aguirre, a pesar de sus maneras respetuosas, nada le importaba aquello. Plática tras plática. Un tema tras de otro tema...

—Carmen, ven a platicar con Aguirre. Perdóneme Aguirre, porque lo dejo solo, pero es que tengo otras ocupaciones. No se vaya a enojar...

—No, señora... y luego, un poco nervioso dirigiéndose a su nueva interlocutora:

—¡Cuántos días sin verla, Carmencita!...

—De veras, Aguirre, ¿pero es que no les gusta que mi mamá les sirva la mesa?

—¿Su mamá? Bien. Sí. A mí no me gusta que usted se moleste tampoco, pero...me gusta verla...

Luego la conversación siguió y siguió. A intervalos, la voz de Aguirre se interrumpía porque Carmen se había propuesto hacer ver que se sentía incómoda con aquel vestido de uso doméstico y aquel peinado y aquella facha...

En la misma noche, pensando si Aguirre estaría enamorado de ella, durmió poco...

Algunos días después, le derramó el café al prepararle el azúcar...

—Perdóneme, Aguirre.

—Pero, ¿por qué se preocupa Carmencita...?

A la mañana siguiente, volvió a derramar el café en el puesto del mismo Aguirre... Alguien le murmuró:

—Carmen, ¿usted como que poco aprecia a Aguirre?

—No, si no es eso...

Dos semanas más tarde, Carmen volvió a derramar el café en el puesto del mismo Aguirre. Los compañeros inmediatamente volvieron a mirarse de reojo acompañando una sonrisa maliciosa. Entonces, Carmen, profundamente ruborizada, murmuró:

—¡Aguirre! ¡Cuánta ofensa!...

—Al contrario, Carmencita, si no me ofende...

Todos soltaron una carcajada estrepitosa... Todos se volvieron a ver las caras llenas de risas. Ante semejante frase que ellos a su manera de pensar la tomaron como una declaración, no había menos que reír a mandíbula batiente. La pobre muchacha, sin decir una palabra, con el corazón que se le saltaba, salió a toda carrera para la cocina... Aguirre, entre susto y preocupación, y más rojo que una plancha en el fuego, concluyó por disgustarse y despedirse inmediatamente... Pero al llegar a la puerta se volvió y dijo con las palabras apenas deletreándolas:

—Yo quise decirle que no se preocupara... ¿Me comprenden? Y salió enojadísimo.

Los demás comensales rieron un poco, fumaron sus sendos cigarros y salieron por la ciudad refiriendo la historia como ellos la creyeron mejor. (Es sabido que una historieta que se escucha no tiene el mérito de la que se presencia, de aquí la necesidad de exagerar) y el efecto fue satisfactorio.

A la mañana siguiente Aguirre no estaba. ¿Vendría más tarde que de costumbre? ¡No!...

—¿Y Aguirre, señora?

—Oh, Aguirre ha dispuesto cambiar las horas porque como el

pobre trabaja tanto. Dice que el desayuno a las 6, el almuerzo a las 11 y la cena a las 4, y que siente mucho no seguir acompañándolos... Ellos se miraron a los ojos y se sentaron a la mesa muy serios...

Ahora Aguirre comía solo, Carmen le servía...

—No se moleste tanto Carmencita...

—Pero si no es molestia... (Y Carmen bajaba los ojos con la emoción que le producía el placer de que Aguirre había comprendido por fin que efectivamente se molestaba).

—¿Le gusta el dulce de durazno, Aguirre?

Aguirre le contestaba sin abrir los labios.

Al día siguiente, a la hora del lunch, aquel dulce era un regalo de príncipe.

Una hora más tarde, cuando Aguirre había concluido sus deliciosos manjares y sus mejores momentos como ya le había dado a entender (no se lo había dicho claramente a Carmen), los otros comensales llegaban. Pero para ellos, ni dulces de durazno, ni higos pasados en miel, ni las manos de Carmen. Ningún manjar anunciaba aquellas hacendosas manos. La señora les servía...

Mientras tanto, el tiempo volaba. Todo marchaba bien, sin embargo.

Aguirre, como de costumbre, traía regalos y regalos. Regalos para la señora y para Carmen.

A solas, cuando nadie oía, bajando la voz y tapándose la boca con la mano, la buena señora que ignoraba las relaciones de su hija con Aguirre, le decía:

—Hija, si alguna vez te encontraras (ella decía te conquistaras) un hombre como Aguirre. Qué hombre, tan bueno conmigo... Hasta estampillas me regala. Carmen decía:

—¡De veras, mamá...!

Por fin hasta la misma señora convino en que la comida de Aguirre debería ser especial, debería ser la mejor. Había que pagar de algún modo las bondades de aquel hombre. Lo que había que hacer era ser más decente... Aquel hombre era un tesoro en la tierra... (Carmen sonreía y aceptaba que Aguirre era un tesoro...) Pero hija (y la robusta señora se volvía de la puerta) ese hombre, o es muy rico o es... no sé qué decirte, es que me parece un disparate gastar sin interés...

—Yo soy pobre y no podré recompensar sus regalos...

—¡Qué hombre...!

Y desde aquel día, Carmen tuvo la libertad completa de servir a Aguirre, como su madre y su corazón se lo mandaban. Sentía un placer tan inmenso en aquella clase de labores... Y se murmuraba a sí misma con gozo inefable: "Todo lo que hago por él me parece poco"...Y era verdad. Por fin, una servilleta para Aguirre... llevaba sus iniciales. (La señora manifestó que aquella confianza estaba buena). El agradeció las bondades, como él llamaba a lo que la señora decía recompensas. Y el idilio de felicidades continuó como el primer día. Aguirre, demasiado puntual a las horas de comida, tal vez su regularidad estaba más allá de lo que podía desearse. Los regalos muy a menudo. Los deliciosos platos, como de costumbre, bajo pequeños mantelitos blancos esperaban el buen apetito de Aguirre. Y la señora, siempre la misma para Aguirre. Bromeaba con él, le decía que era un santo hombre y él sonreía, porque se creía feliz... Sólo esperaba los sueldos atrasados para realizar su sueño de formar un hogar. Pero he aquí que, aunque con dificultades, con préstamos de un honorable amigo, Aguirre logró vencer también este obstáculo. No había que esperar, pues... Carmen un poco nerviosa le aconsejaba que se lo dijera a su mamá. De ahí depende todo, le decía; y él... "pero si no hallo palabras... hoy, mañana, se lo diré; oh, sí se lo diré... se lo diré" ... Y los días pasaban.

—Pero Carmen, ¿cuándo quieres que lo diga...?

—¡Hoy...está claro, hoy es un buen día!

Innecesario es decir que la señora se fue para atrás de espanto cuando Aguirre se lo dijo a boca de jarro, y lo oyó hablar con aquel modo...

—¿Usted bromea, Aguirre?

—No señora, ella le puede decir cómo es esto...

—¿Qué si daba su consentimiento? Cómo no, si si se lo daba. Ella tenía el mejor concepto de Aguirre... Siempre había tenido mucho cariño para él, suponía que era honrado, trabajador, digno, no tenía vicios y aunque no conocía su familia, ella no se equivocaba (de esto ella estaba cierta) al pensar que era de buena familia. De

buena clase social... etc., etc. Sí, sí, aceptaba. Era verdad que era la única hija, pero siendo él quien era... ella aceptaba.

(Aguirre dijo que el matrimonio sería en abril. Ella dijo que mejor en marzo y estaban en febrero...).

"Carmen, que principia a perder las esperanzas del matrimonio, hoy encuentra un marido modelo" —era lo que la señora decía a alguna amiga de mucha confianza. Pero Carmen, desde la cocina oía y se venía donde ella.

—Pero mamá, ¿por qué dices eso? Por algo le gusto a Aguirre...

Mientras tanto, las dos mujeres arreglaban la casa con mucho entusiasmo. Habría una fiesta y cena en la misma casa el 15 de marzo (era el día señalado por la mamá de Carmen) que era un día propio para matrimonios... Aguirre, que se creía ya como de la casa, entraba con más confianza. Silbaba de un modo especial al nomás llegar a la puerta y Carmen venía a encontrarlo un poco melosa y tratando de fingir confianza (cosa muy difícil para ella, pues era demasiado tímida); él le daba un beso en la frente y ella bajaba los ojos ruborizada y tratando de contener aquella ola de fuego que le quemaba como llama... Después, él se sentaba a la mesa y ella a un lado le devoraba con los ojos. Se decía a sí misma, que no era tan feo como le había parecido el primer día que llegó a la casa. Era verdad que era un poco alto, pero aquello no era un defecto. Se decía también que ya sabría reírse de las amigas... (Y luego se repetía: "de las enemigas"). Dormía poco. Parecía que se ponía delgada. Pero ella decía que no era nada... (Estalló una súbita revolución, por fin una mañana, y el idilio de Aguirre y Carmen tuvo que detenerse para atender cosas más importantes).

SEGUNDA PARTE

Escándalo, gente corriendo hacia todas partes con el miedo marcado en los ojos. Soldados armados, corriendo con sigilo a tomar posesión de los cerros vecinos, de las alturas estratégicas, que tan buenos servicios prestan en estos casos. Estos son los "retenes" que dan el grito de alarma cuando el peligro se aproxima sobre la ciudad, ya sea bajo las sombras de la noche, o abriéndose camino tras de la maleza. Escándalo, gente corriendo, se reclutan los hombres del pueblo para que defiendan la plaza y de esta ley nadie puede evadirse; ni el llanto de las madres o de las esposas se toma en consideración; el deber de cada hombre es exponer su vida... en defensa de la plaza. Escándalo, gente corriendo hacia todas partes, familias enteras que se pasan con bultos de ropa de cama a dormir esa noche o más noches, en la casa de otra familia vecina que puede dar mejores garantías. Grupos de hombres y mujeres en las casas hablando en secreto; hablando con temor a ser oídos. La revolución, la bulla...

—Dicen que Pablo González, el indio Pablo, está ahí, ahí detrás del cerro, que casi se mete marchando en el pueblo con su tropa de gente mala. Dicen que viene con 500 hombres bien armados. ¿No hay tranquilidad, ¿hasta cuándo podrá haber paz en un país que tanto necesita para no morir ahogados en sangre de sus hijos? ¡Pobre país tan digno de lástima! Pero la culpa la tiene la ambición de esos que quieren llenarse las bolsas a costa de los sufrimientos de los demás. ¡Ingratos!... A esos deberían ahorcarlos vivos. Pero estos de aquí tan torpes, dicen que ahí en el cuartel hay doscientos hombres apenas. ¿Por qué no se preparan los tontos sabiendo que ese indio cae cuando menos se le espera? Dicen que están mandando retenes y que han recluido bastante gente. Dicen, sin embargo, que el indio se va a meter al pueblo como Pedro por su casa, y lo peor es que no existe ninguna razón para que estos traigan la revolución.

El gobierno está actualmente formado por hombres capaces que garantizan la libertad y la paz del país. Ah, pero eso sí, el presente gobierno está compuesto de hombres sin ambición de mando o de lucro. Lo único que desean es hacer algo útil por el país. No hay razón, no hay ninguna razón para que esos traigan la revolución y el "bochinche". Además, el gobierno ha dado amplias garantías para que los hijos del país puedan regresar cuando se les antoje. A ningún emigrado se le molestará cuando vuelva. ¡Ah!, pobre patria la nuestra, en manos de sus hijos desnaturalizados, hijos de la ambición y del "descaro". Ese indio, ese indio Pablo González es hombre malo; debía irse de cabeza en el infierno para que pague sus pecados tan negros.

Para eso, sólo para eso es que los emigrados se están fuera del país. Para traer la revolución tarde o temprano. Allá se están y aunque los tengan con la ciudad por cárcel, el día menos pensado se vienen a la frontera donde tienen el cargamento de rifles. Son gente mala y que los compre quien no los conoce. Dicen que no se vienen porque el gobierno de aquí no da amplias garantías. Pero no, no es por eso, señor, es que están trabajando en la sombra para traer la revolución y venir a llenar de sangre y de horror a la pobre patria. El dinero, eso lo consiguen fácilmente. Siempre hay gente de esa mala que no les importa darles unos tantos miles como empréstito, gente rica, pues está claro, para que traigan la revolución. ¡Y a ellos que...! Además, si los revolucionarios ganan, ellos ya saben que cobran el doble y la pobre caja nacional tiene que pagar por eso. Gente ambiciosa y corrompida que no se acuerdan de sus mujeres, de sus familias para traer la revolución y muchas veces son quienes padecen más. Ese indio Pablo González, eso es lo que quiere, llenarse las bolsas de dinero. Ingrato, tan sin corazón que no se le ocurre que es el suelo que lo vio nacer quien sufre más por su ambición desmedida. ¡Si tuviera corazón! No, aquí ya esto está invivible, lo mejor es irse a vivir a otra parte donde se encuentra la tranquilidad porque con esta bulla y esta cosa, la vida se hace imposible.

Y esa es la causa porque familias ricas que tienen con qué, emigran. Hacen bien, eso debería hacer todo el que tiene con qué. Entre gente salvaje como la nuestra no se puede vivir. Revoluciones, bulla de cuartel, de la mañana a la noche. Cuando menos se espera, la revolución en la puerta. ¡Ya ésta no es vida!... Después, queda uno lleno de susto y en las latas, porque esos todo se lo roban. Pero los pobres campesinos que viven con la esperanza de sus milpas, tranquilamente trabajando con honradez y de repente, la revolución que "arremete" con lo que encuentra. Frutos, granos, bestias, que los soldados se llevan de los potreros. ¡Ah!, además, este indio no enarbola ninguna bandera, eso es un crimen, nada más que un crimen. Y el concepto que se forman de nosotros fuera de aquí, en el exterior, qué concepto el que se forman; mucha gente allá debe pensar que éste es un país de salvajes y con razón. Siempre la revuelta y la bulla. No ha pasado una revolución, cuando la otra viene. Pero los que fomentan las revoluciones es a los que menos mal les va. ¡Y a ellos qué! Muchas veces ni entran a la línea de fuego. Se quedan detrás y mandan a los pobres soldados y que los pobres tontos se las arreglen como puedan. Y Pablo González, por lo visto, iba a dar un cuartelazo; dicen que ahí... ahí, está detrás del cerro con la tropa de gente. Si casi se mete en la casa de uno. ¡Qué hombre! ¿Cómo hará? Debían agarrarlo y fusilarlo, eso debían hacer. Sólo así, de lo contrario esta bulla continuará siempre. Pero aquí, tan tontos. Sabiendo que las revoluciones caen como lluvia de invierno, ¿por qué no se preparan? Dicen que no tienen más que cuatro rifles mohosos ahí en el cuartel. Un cañón viejísimo y algunas dos cajas de parque y eso es todo. Han mandado gente, mucha gente a los retenes del cerro. Hasta se dice que han mandado un espía y que vea cuántos hombres son. Dicen que entre ellos vienen varios conocidos, muchos de los emigrados dicen vienen ahí; pero, por supuesto, esto es un secreto y no hay que decir nada. Dicen que Ramón Peña viene; Ramón Peña, el hermano de Francisco, dicen que ahí viene.

—Otro que dicen que viene es Juan, el valientón; Juan Ordóñez dicen que viene ahí. ¡Ah! Y Rodolfo, el hijo mayor de la Chon dicen que ahí viene. Vienen otros muchos. Uno que debe venir con seguridad es José Ramón Bulnes. Cuando los liberales se tomaron el "agua caliente" ahí andaba José Ramón, dicen que muchos lo vieron y que andaba montado en un caballo blanco, muy hermoso, con un sombrero de paja y con su divisa de rojo y blanco en el sombrero. ¡Ah, José Ramón con aquel su modo que no cambia nunca! Todos esos emigrados para eso es que se están afuera, para traer la revolución. Se están allá celebrando mítines y sesiones secretas, compran rifles, bestias y parque, después mandan todo eso a la frontera y el día menos pensado ni adiós dicen. Aquí vienen a dar con la bulla. Se buscan los generales, los hombres de mando y aunque los tengan con la ciudad por cárcel, se vienen. Por supuesto que para esto se necesita dinero y personas de influencia, pero todo eso se consigue.

Hay siempre emigrados de algún respeto y estos son los que arreglan todo. Además, los empréstitos siempre los obtienen porque los que dan el empréstito saben que, si estos triunfan, tienen no sólo oportunidad de conseguir el doble sino las concesiones y así al cabo se vuelven millonarios. Pobre país el nuestro, en manos de sus hijos corrompidos. Pero a los que peor les va es a las pobres familias que viven en paz. A los que siembran sus milpas, que tienen sus cositas para que el día menos pensado las tropas del enemigo se lo roben todo. Agarran las bestias de los potreros y en fin agarran cuanto pueden, sólo lo que no pueden llevarse... Se meten a las fincas y se roban los frutos.

—Luego, Aguirre, oye, oye como que por ahí vienen. ¿No oye usted? Se oye el tambor... ¡Ah!, sí. ¡Corra, váyase para su cuartel hijito! ¡Y que Dios lo salve!

—Dios es muy grande, no pierda la fe en Dios. Carmen y yo vamos a rezar ante el Corazón de Jesús esta noche y le vamos a pedir por usted. No se preocupe de eso. Usted ha de salir con bien. ¿Mire Aguirre, lese rifle suyo está bueno? Vea, Aguirre, mi esposo fue militar, y él siempre decía que a los primeros tiros da cierto miedo, pero después uno se vuelve arrojado. No haga caso usted, Aguirre. Usted no se las eche de valiente. No se ponga frente de las balas. Usted ha de salir con bien Aguirre. ¡Y lo primero que vamos a preguntar cuando pase el fuego va a ser por usted! Ig...el corneta, la llamada del cometa por la tercera vez, váyase Aguirre. Carmen, venía decirle adiós a Aguirre. Dejá de llorar, muchacha, si nada le ha de pasar. Vení, ya se va Aguirre.

—¡Adiós, pues, Aguirre! Mi mamá y yo le vamos a pedir a todos los santos por la vida de usted. Porque si a usted lo matan...Dios sabe lo que digo. Si usted muere, yo también me voy a morir, Aguirre.

—No te aflijas, Carmen, nada me va a suceder, el jefe de la compañía, el jefe creo que es Tomás Borjas, y él me ofreció dejarme en el cuartel, que es donde menos peligro ha de haber. Si se toman el cuartel entonces también de algún modo me he de escapar...

—Adiós, corazón mío, que Dios te salve. Espe... rate. Se me olvidaba u.... un corazoncito de Jesús que había hecho para tí...

—¡Vaya, adiós!

—¡Adiós, Aguirre...adiós!

Después que Aguirre salió, la casa, como siempre que se iban los comensales, volvió a quedar en silencio. Esa misma noche principió el fuego encarnizado. Pasaban con un herido en una camilla y Carmen sacó con audacia la cabeza por una ventana. —¿A quién llevan allí? —preguntó. —A Rafael Ordóñez—le contestaron. —Lo hirieron? —preguntó de nuevo Carmen y una voz chillona contestó: —¡Oh! ya va muerto. —¿Quién dice que es? —le preguntó la mamá a Carmen— Rafael, el pobrecito. Pobre Luisa y doña Paula, como siento esas pobres gentes.

Toda esa noche pasaban con heridos y cuando el fuego terminó a las cinco de la mañana, Carmen con peligro de que una bala desperdigada pasara por ahí, salió a la calle arriesgando su vida. Los heridos se veían tirados en las calles y Carmen corría y les daba agua o ayudaba a que los otros los condujeran al hospital improvisado donde se hacían las primeras curaciones. Carmen en compañía de su madre, las dos mujeres con un heroísmo asombroso, ayudaban a todos los heridos.

Había pobres hombres que concluían en las rodillas de las dos mujeres. Los soldados les agradecían profundamente. Bajo de la oscura mañana sobre los cadáveres, sintiendo a veces el silbido de las balas desperdigadas, las dos mujeres ayudaban en los últimos momentos a los moribundos y llenaban de esperanzas a los que no estaban seriamente heridos. Algunos se acercaban y les decían que era muy arriesgado para una mujer aquel lugar que poco antes había sido teatro de horrores. Súbitamente frente a Carmen pasó un hombre alto con el cadáver de un moribundo con la cara cubierta.

—¡Aguirre! —gritó Carmen—¡Aguirre!

—¿Carmen, tú aquí? Vamos para la casa, yo voy para allá, me hirieron en un brazo, pero no importa. Lo que quiero es salvarle la vida a este desgraciado que casi lo han hecho pedazos.

—¿Quién es? —contestó Carmen, con muestras de sorpresa.

—Él es un ser humano como nosotros, y allá escondido en tu casa hasta le podremos salvar la vida, porque a este pobre no le van a hacer caso.

Llevaron el moribundo a la casa y cuando llegaron allá encontraron que tenía una herida en el corazón y que estaba agonizando. Carmen a un lado y Aguirre al otro buscaban mil medios para salvarle la vida. Le dieron agua, le frotaron el cuerpo y hasta lo pusieron boca abajo.

El hombre iba ya muriéndose y, entre vivo y muerto, abrió los ojos y luego, después de ver a Aguirre, dijo: "Gracias, hermano, tienes un corazón de oro" ... Y el pobre herido se fue quedando rígido antes de agonizar. Carmen no pudo contener las lágrimas y Aguirre profundamente emocionado, lo mismo que Carmen, bajó la cabeza sobre el cadáver del hombre...

Al cabo de muchísimo rato, sobre el cuerpo del muerto, Carmen levantó la cabeza y dijo: "Es verdad, tú tienes un corazón de oro" ...Y Aguirre, sin decirle nada, se acercó a Carmen: "Por el recuerdo de este hombre, te juro y te prometo que te seré fiel y te amaré hasta el resto de mis días" ... le dijo él muy emocionado. Y Carmen, también muy emocionada, bajó los ojos y puso su cabeza sobre el pecho del hombre muerto...

DRAMAS DOMÉSTICOS

A Rafael Heliodoro Valle

I

La casa estaba en la orilla del pueblo, sobre un borde cubierto de flores. Adelita salió de la casa y se dirigió hacia la puerta baja del solar desierto que quedaba cerca del río. Ahí, sobre la arena del río, pasaba un camino que conservaba la forma de los pies de los transeúntes. Entusiasmada por el aire fresco y el ejercicio, ella sintió un deseo vago de andar más y siguió caminando hacia el puente. Ahí en el puente, hecho de un solo tronco de pino, por la soledad del momento y la frescura de los árboles, se sintió feliz. Tenía necesidad de alejarse, de encontrarse sola consigo, de no ver a nadie por ahí y de no ser vista por nadie. Llevaba una revista en una mano y parecía que iba dispuesta a leer, pero mientras tanto, parada en el puente se distraía en arrojar piedras a una rana que en medio del río sacaba la cabeza y se volvía a zambullir. Ella hacía esto como los muchachos traviesos, sin darse cuenta. Había cumplido quince años, estaba también en la edad cuando las muchachas se enamoran de los retratos, de las revistas de ilustraciones, de las "poses" y de las más insignificantes modas. Aburrida por fin de su distracción se acordó de la revista y se sentó sobre la arena para leerla.

Tan engolfada estuvo por un largo tiempo que por mucho rato no se dio cuenta de los transeúntes que por ahí pasaban. Un hombre caminaba en sentido contrario al lugar en que ella se encontraba; el hombre caminaba sin seguridad, sin hacer fuerza en los tacones, parándose a ratos, observando los árboles sin atención. Era un hombre alto y bien constituido. Iría acaso de visita: su cabello bien peinado y la limpieza de su traje también hacía pensar así. Sus labios eran carnosos y sus ojos negros y penetrantes. Se mostraba en su parte física como un hombre ardiente y apasionado. Cuando él vio a Adelita, la contrariedad se pintó en su cara, él había esperado encontrar a la mamá de Adelita ahí mismo y no a ésta. Todas sus manifestaciones exteriores acusaban su disgusto; por un largo rato permaneció indeciso, pero finalmente resolvió acercarse a ella.

—¡Adelita!... (Su voz resultó nerviosa, tal vez demasiado aguda). Ella no le oyó y él volvió a repetir:

—¡Adelita! —Ella se levantó, sorprendida y con miedo, buscando con los ojos hacia todas partes.

—¡Adela! —volvió a repetir él, aquí fue con demasiado énfasis.

—¡Elías!... (Como ligeros cambios del tiempo que ensucia el azul del cielo, así en la cara de Adelita se sucedieron los efectos de lo que ella sentía: cólera, repulsión, después miedo como el que ve un rifle en puntería).

—¿Su mamá está allá, allá en la casa? —le preguntó él. Adelita se llevó las manos a la cabeza y luego bajó los ojos sin contestar.

—¿Querrá ella venir aquí? Yo creí que por aquí la iba a encontrar, —dijo él.

Hablaba él con nerviosidad: sus ojos brillaban y no había fijeza en sus manos. Adelita mientras tanto, se volvió a llevar las manos a la cabeza. Pero de pronto un rápido pensamiento le aclaró el rostro y entonces le sonrió con gracia...

—Mejor voy ir yo a la casa si usted cree que ella no va a venir —le dijo él con preocupación.

Ella se agarró la mano izquierda con la derecha demostrando así cierta repentina inquietud. Después, como si otra idea le alegrara el rostro, volvió a subir la vista con prontitud.

—No vaya Elías, ¿por qué no se sienta en esta piedra?

Elías, un poco sorprendido ante la invitación de ella, se sentó en la piedra que ella le señalaba. Pero antes de hacer esto, él sacó un pañuelo blanco de su bolsillo y lo extendió sobre la piedra en que se iba a sentar. Sus gestos eran los del hombre que se preocupa por su persona exterior. Pero mientras tanto, Adelita observaba sus flamantes escarpines y su conspicuo calzado con marcada aversión.

—¿Por qué usa esos escarpines Elías? ¿Sabe? ¡A mí no me gustaría usar colores chillantes en los escarpines!

—¡Pues mejor voy a seguir mi camino si no le gustan mis escarpines —dijo él en broma, pero demostrando que estaba herido en su vanidad!

—¿Pero usted no entiende de bromas? ¡Jesús qué Elías! No entiende de bromas...

Después de esto él se quedó mirando debajo de los árboles y Adelita no encontró más qué decir. Al cabo de un tiempo cada uno buscaba desesperadamente algún tópico de qué hablar. Mientras tanto ambos preocupados y nerviosos creían que el silencio podría traerles un concepto por medio del cual se iba a formar una mala idea el uno del otro.

—Mejor voy a seguir mi camino, ando un poco precisado —dijo él cuando se convenció de que ya no había nada más de qué hablar.

—No se vaya Elías, espere, espere. (La imperativa ansiedad de la voz de ella era más fuerte que el deseo de él en alejarse. Finalmente ella concluyó por dominarlo. Mientras volvían a permanecer allí, ella lo volvía a ver: abriendo y cerrando los ojos con cierta malicia propia de una mujer de más edad. Adelita pensaba: No es feo, al contrario, es guapo Elías; sobre todo tiene buen cuerpo y un extraño poder sobre las mujeres de que ya he oído hablar...

Por fin, Adelita retiró los ojos de la cabellera bien peinada de él. Entonces acabó de creer que ella sentía dos cosas: odio y también admiración por Elías... En él había sin duda algo bueno y malo, pero ella no se explicaba cómo están unidos estos dos conceptos. Se acordó del poder de él sobre las mujeres y entonces quiso luchar contra ese poder y acabó de sentir la repulsión que muchas veces sentía por Elías. Luego se imaginó que Elías debería vivir orgulloso de sus conquistas y este concepto la puso nerviosa, con cólera y miedo. Por fin, le dijo ella:

—Elías, estoy leyendo esta revista tan bonita. A usted. le gusta leer?

—No leo mucho —contestó él—, no me queda tiempo.

—A mi papá no le gusta que lea novelas. Dice que a las muchachas de mi edad se les meten ideas en la cabeza. Y por cierto ahora estamos esperando a mi papá. Él dijo que vendría ayer, pero no vino, ahora debe venir.

—¿Su papá viene hoy? Yo creía que vendría hasta después. (La voz de él tembló nerviosamente) ...

—Lo esperamos de un momento a otro —dijo ella, muy alegre. Luego agregó: El anda como de costumbre visitando los ranchos.

—Voy a irme Adelita, ya es muy tarde. (Ella como un tigre, dramáticamente, saltó y lo agarró del brazo y lo detuvo).

—Tiene que estarse aquí —le dijo encantadoramente—, tiene que estarse aquí hasta que papá venga. Sí, señor, don José Elías... Avilez, vamos al jardincillo de la casa, le voy a prestar una novela linda para que la lea. Venga, venga, se va a sentar allá conmigo, en las gradas de la puerta.

Había unas gradas en la puerta de la casa. A ambos lados había hojas grandes de yuca y detrás había una mampara en la puerta de la pequeña casa. Elías la acompañó alegre, pero con alguna desconfianza, ella iba preocupada de que se le iba a escapar, y por fin, ya sin timidez ni respeto, lo agarró del brazo. El, ante la manifestación de sinceridad de ella, sonrió con simpatía.

—No se vaya, Elías... ¡Ja!, lo tengo agarradito. No se me va. —Se comprendía el trabajo de inteligencia que ella estaba haciendo en ese momento. Y entonces una luz de comprensión alumbró en la cara de él...

—¿Pero para qué me trae aquí?... tan pícara que es usted.

Adelita entró a la casa y corriendo volvió con la novela de que le había hablado.

—Miremos esta novela, Elías. Aquí hay una cosa que quiero que usted vea...

Mientras los dos estaban engolfados mirando la novela con las cabezas unidas, se oyeron unos pasos súbitamente en dirección de la casa. Elenita los oyó, pero pretendió hacer creer que no los oía, aunque Elías con sorpresa notó la nerviosidad de ella. Luego Elenita le clavó los ojos a él. Quería sin duda descubrir algo en él, con una insistencia tenaz, demasiado tenaz; por fin, los dos se miraron sin hablarse, dramáticamente. Elías vencido, iba a bajar los ojos cuando oyó una voz detrás de él: "¡Qué tal hija! (El padre de Elenita estaba ahí, parado, contemplándolos, su traje de camino estaba muy sucio).

—Papá, papá, que tal, que tarde viniste, te estuvimos esperando para el almuerzo y como no llegaras nos sentamos a la mesa mamá, Juan y yo.

—Sí, sí... sí... ya veo que me esperabas. ¡Ah, muchachita!... ¡Retírate que vas a ensuciar tu vestido tan bonito! ¡No ves que vengo lleno de polvo?

—Hay nos hemos de ver pronto—dijo Elías muy encogido—ya me voy Adelita...

Tan pronto como Elías se despidió, se oyeron unos pasos a la carrera y hacia la puerta de atrás de la casa y por donde Elías iba a pasar. Y a poco se oyó la voz de Elías:

—Buenas tardes, doña Adela. (Elías saludaba a la mamá de Adelita).

—Pero Elías, ¿a qué se debe esa precisión?...

—Su marido acaba de venir en este momento, y como usted ve, a él no le gustaría ver a alguno rondando... después de tanto tiempo...

(Hubo una pausa. Después se resumieron los pasos de regreso para el interior de la casa).

Adela de González, la madre de Adelita, caminaba con el vigor de una mujer bien constituida. Tenía apariencia de joven, y gozaba de admirable salud. Su cabello negro daba bello contraste a su piel blanquísima, los labios eran sensuales y los ojos muy expresivos y negros. Era una mujer atractiva, tenía oyuelos en las mejillas y representaba menos edad de la que tenía. Su hijo Juan era el retrato completo de ella y así como ella era de vigoroso.

—¿Por fin, de regreso, Ramón?... ¿Pero por qué no me contestas hombre sucio? Dame un beso viejo, viejito.

—¿Que por qué no te contesto? —le dijo él con gesto de enojado—. Vengo cansado, con hambre, a gozar de mi hogar y lo primero que encuentro es... Adelita arrimada a Elías Avilez en la puerta de mi casa. Y luego a Adelita:

—¿Qué era lo que leían? Hablá muchacha, dame la novela, ¿no te he dicho que nunca leas novelas? Y ahora dime ¿a qué te metes con ese hombre viejo?

—¡Elías Avilez... ja... ja!...

—¡Por Dios, Ramón, cállate, tan sin pena; domínate hombre, hay casas a todos lados, los vecinos te han de estar oyendo, ¡hombre!

El marido se calló y la mujer se le fue acercando poco a poco hasta poner su suave mejilla como una rosa sobre la barba recia de su marido. El dominó entonces su cólera.

—Dime, ¿no decías que vendrían ayer?

—Lo que te dije, venía para acá cuando encontré que las vacas habían roto el cerco otra vez y tuve que volverme a la hacienda y mandar un muchacho a que arreglara eso.

—¿Y Juan dónde está?

—En la escuela, Ramón, ¿dónde quieres que esté?

—¡Pero ¡qué traje el de Elías Avilez, como que si fuera el domingo de ramos o el quince de septiembre!...

—¡Qué odio para Elías, Ramón, ¡qué odio!...

II

Después de la cena, en la noche, el jefe de la casa ya había olvidado todo.

—Mañana me voy otra vez a la hacienda hija; sólo vine a traer unos alambres para seguir el cerco.

—¡Ramón! ¿pero sólo una noche te piensas estar?...

—No puedo estarme más, yo tengo que vivir en el campo para que coman ustedes.

—¿Y cuándo vuelves?

—No sé, no puedo decirte, tal vez dentro de una semana, no sé...

Después, los dos salieron a la huerta de plátanos, juntos. Ramón puso su brazo en la cintura de su mujer. Adela puso tiernamente su rostro sobre la cara de él y los cuerpos esbeltos se vieron vagar en la sombra junto al río.

—Quisiera que viviéramos como vivíamos antes. No puedo soportar que te estés allá siempre. Primero te ibas por dos días para el rancho, después te ibas por una semana, y después diez días. Ahora no sabes ni cuánto tiempo vas a estarte.

—Hago más dinero que antes, Adela; ahora vendo maíz y cuido los animales, Adela.

—Qué me importa a mí el dinero. Yo te quiero aquí en la casa, juntos lo pasábamos mejor antes. Me da cólera ver que te vas todo el tiempo. Te quiero aquí en la casa, en la casa, te lo repito. Te necesito Ramón; te necesito, Ramón; te necesito por Dios; yo ya no te puedo hacer que vivas conmigo...

La voz de Adela temblaba con nerviosidad.

—Sos muy buena mujer, Adela. Un pobre hombre como yo no podría encontrar otra mujer mejor. ¿Pero por qué tiemblas cuando me hablas, qué te pasa?

—Sentémonos aquí, quiero hablarte con franqueza.

El marido puso su fornido brazo sobre la espalda de su mujer, y le dijo:

—Pero no entiendo, ¿por qué te preocupas por mí? Cuando al principio te dije que iba a trabajar en el rancho y dejarte aquí con los muchachos, tú dijiste que sí, y ahora...

—Oh, Ramón, me haces falta, te lo repito...

—¡Adela! vieras qué me imagino que tú estás pensando en cosas que pasaron cuando estábamos recién casados... Dime, ¿es cierto?

—No es eso Ramón. (Ella arrimó sus suaves mejillas sobre la cara de él).

—Quiero que estés en la casa. No quiero que te vuelvas a ir.

Por fin él sintió la emoción de la cara de ella y la contempló en los ojos con ternura.

—Adela, cuando te veo esos ojos y te contemplo por todas partes, no me parece que seas la madre de una muchacha tan crecida. (Por fin él había comprendido los sufrimientos de ella).

—Te necesito aquí, quiero que vivas conmigo. En los últimos seis meses sólo te he visto dos veces. Yo vivo como si fuera viuda... ¡No me gusta vivir de ese modo, Ramón! —dijo ella con dolor pintado en los ojos.

—¿Pero crees vos que me gusta esa vida? Estoy tratando de hacer dinero y venirme a vivir en paz. No sos como las otras mujeres, Adela.

—No, no soy, no soy. Tú deberías comprender eso Ramón. Deberías estar siempre alegre de que yo te quiero aquí en la casa.

—Voy a tratar de vivir aquí tan pronto como me sea posible —dijo él sonriendo con malicia.

—¿Papá y mamá están muy cariñosos, te has fijado? —le preguntó Juan a Adelita.

—Mamá, lo quiere mucho —contestó Adelita.

—Oye, papá está cantando, oye, oye.

—Mejor ocúpate de otra cosa, Juan —dijo Adelita fingiendo cólera.

Súbitamente se abrió la puerta que daba para la calle. Mariana, la hermana mayor de Adela, entró nerviosa y preocupada.

—¿Dónde está tu madre? Adelita, ¿dónde está tu madre? Oí decir que tu papá vendría, ¿es cierto?

—Papá ya vino, anda allá afuera con ella.

—¡Pero...muchacho! ¿Cómo hizo tu papá para venir tan luego? ¿Habrá venido de precisión? ¿No sabes vos? Bueno, me alegro que ya esté aquí.

—¿Por qué, tía? ¿Por qué, tía? —le preguntó Juan con ansiedad.

La tía Mariana se mordió entonces los labios; comprendió que había sido demasiado indiscreta y se arrepintió.

—¿Que por qué? ¿No crees que está bien que tu padre vuelva, muchacho?

Mientras tanto, Adelita no podía arrancarse la escena de la tarde, y súbitamente principió a derramar lágrimas. En un principio trató de contenerlas, pero por fin le fue imposible.

—¿Por qué lloras vos? —le preguntó Juan con dureza.

—Muy bien sabes por qué estoy llorando, Juan. ¿Para qué me preguntas? Todos lo saben, tía Mariana, y los vecinos y todos. Todos, excepto papá. Después ella trató de olvidar... sus pensamientos que la envenenaban tanto como sus intolerables sospechas.

A la mañana siguiente la casa parecía desolada. Adela, con una necesidad terrible buscaba algo que poder hacer con las manos. Con la escoba buscaba algo qué poder barrer, pero la casa estaba en orden y con limpieza. Lo único que podía hacer era coser, pero Adela no se sentía en condiciones de estarse sentada, sin moverse todo el día. Deseaba hacer algo, moverse. La presencia de Adelita sentada en la puerta con Elías Avilez no se la podía arrancar de la cabeza. Y sin embargo, Adela estaba segura de que Adelita siempre tenía desconfianza de Elías. Luego Adela pensó lo que las malas lenguas iban a decir de Adelita y de Elías. De Adelita, la que no sólo desconfiaba de Elías, sino que lo odiaba. Adelita, la que siempre se había retirado de Elías por su propio instinto de protección. Y Elías, el signo del mal, a pesar de ver la antipatía de Adelita para él, había continuado visitando la casa. Hasta que, en vez de la hija, la madre había caído... la madre había sido vulnerable ante la joven presencia de aquel hombre alto y fornido...

Adela pensó: ahora Adelita lo ha comprendido todo. Ella, mi hija de quince años, retuvo a Elías cerca de ella para que su padre los encontrara juntos al volver, y entonces Ramón se equivocara... (Adela, al pensar en esta suposición, se tiró, se arrojó a la cama tapándose la cara con la sola suposición de que Adelita fuese capaz de haber planeado todo eso. Su hija, su hijita había protegido a su madre contra su padre, contra las habladurías de la vecindad. Adela se agarró las manos, se las apretó con fuerza. Ella había enseñado algo intolerable a sus propios hijos. Y no conseguía llorar a pesar de sus deseos. Lo que Adela había descubierto en su propia opinión ya no tenía remedio con nada, con nada en la vida...).

III

Al día siguiente por la noche, después que Ramón se había ausentado parecía que había profunda paz en la casa. Juan y Adelita se afanaban en arrancar las cáscaras a una canastada de patatas. Súbitamente se oyó un golpe en la puerta. Elías Avilez entró.

—Buenas noches —dijo con aquella ligereza con que hablaba siempre. Luego como preocupado de encontrarse con alguno más, volvió los ojos hacia todos lados. Elenita y Juan no contestaron. Adela le dijo:

—Entre, entre Elías.

—Doña Adela, ahora podemos encontrar al hombre de las cidras en la orilla del río. ¿No cree usted doña Adela? Si usted quiere, ¿podemos ir?

—Tengo que atender este oficio aquí, Elías. No puedo por ahora. Siéntese, Elías, ¿por qué no se sienta? Arrímale una silla vos, Juan.

—No, gracias. No me quiero sentar, voy a volver pronto. (Después que Elías salió todo quedó en silencio, pero Adela parecía nerviosa y preocupada. A poco se levantó y salió afuera por la otra puerta, detrás de la casa).

—Caramba, no soporto este calor de la cocina. Vení ayúdame aquí, Adelita, mientras voy afuera a respirar aire. Y salió al solar.

—Juan—dijo Adelita en voz baja para no ser oída.

—¿Ques?

—Juan, ¿vos creés que mamá está enamorada de Elías?

—Yo no comprendo como mamá se puede enamorar de ese caballo...

—Te acuerdas cuánta bulla hizo mamá la primera vez que él vino... a verme a mí? ¿te acuerdas? Dijo que yo no debía tener de novio a un hombre como Elías y que además él era muy viejo para mí, y otras cosas, ¿te acuerdas?

—Cállate, por Dios, cerrá la boca. Si sólo has de hablar de Elías Avilez, mejor cerrá la boca —dijo Juan con cólera.

IV

Cada vez que Elías entraba en la casa después de andar rondando con cierto silbido peculiar, Adela deseaba arrojarlo afuera. La presencia de él en la casa siempre, siempre le había repugnado; pero cuando vagaba en la playa del río, el recuerdo de él —contra su voluntad — le penetraba.

¿Qué era lo que le pasaba a Adela que ella misma no podía entender? Y ahora... después de aquello que ella había descubierto, sentía que se estaba asfixiando... Se sentía agarrada, dominada, pero con deseos de luchar, de pelear contra el mal... Y pensó entonces: voy a poner fin a esto, pero su resolución llegó apagándose a su corazón. Y volvió a decirse ella: voy a poner fin a esto...

En la noche siguiente, cuando Elías volvió a entrar a la casa, ella lo despidió con frialdad. (Juan y Adelita no estaban allí).

—¿Pero ¿qué le pasa doña Adela? No se haga la enojada, ¿sabe? ¿Ya conseguí el hombre de las cidras, quiere ir a verlo para ver si son buenas?

—Ya le dije, Elías, que no voy —repitió ella con frialdad.

—¡Caramba! Usted se ve más hermosa cuando está enojada, doña Adela.

En la voz de Elías, con una calma insolente, se veía al hombre que conoce ciertas negativas. No había duda de que Elías tenía el poder del macho sobre aquella mujer orgullosa.

—Yo sé que usted tiene que venir, quiera o no quiera —le dijo.

—Por ay vienen los muchachos —dijo ella muy asustada.

—¡Vamos, doña Adela, vamos! Bueno, cuando se resuelva ya sabe dónde me encuentra.

Elías sonreía cínicamente ante la debilidad que ya había reconocido, pero a pesar de ello no consiguió que Elena lo acompañara.

Durante cuatro días la figura de Elías no se volvió a ver por ahí rondando. En la quinta noche, ella se levantó de su máquina de coser, se compuso el cabello y les dijo a sus dos hijos:

—Voy ir a visitar a Mariana. Hace días que no me acerco por allá.

Juan y Elenita se miraron las caras sin saber por qué. Elenita miró el reloj y después le dijo a su madre:

—Mamá, por Dios, usted se está mucho cada vez que sale. —Juan agregó entonces:

—Yo voy a ir también, mamá. Y Elenita respondió por su madre:

—¿No te vive diciendo que no la acompañes?

—Ustedes dos se van a la cama y no me esperen. Yo voy donde Mariana y ya vuelvo—dijo la madre con la voz temblorosa.

Cuando Elena salió, los dos niños, como si presintieran algo, se sintieron profundamente preocupados.

Por fin Elenita sintió sueño y se fue a acostar. Ahí, en el dormitorio, después, a pesar del sueño que tenía, no quiso dormirse. Permaneció despierta oyendo los más insignificantes ruidos de afuera y moviéndose del uno al otro lado. Mientras tanto, Juan leyó un periódico por las cuatro páginas con los pies puestos en la mesa.

Los ruidos de la noche lo estremecían a veces y volvía la vista hacia todas partes lleno de miedo. Luego los ruidos aumentaban y toda la casa parecía llena de pequeños e inexplicables ruidos. Y Juan se imaginó que también Elenita estaría rígida en la cama, escuchando, llena de miedo como él. Pero a pesar del miedo, Juan acabó por quedarse dormido sobre la mesa.

Dos horas hacía que Juan roncaba sobre la mesa. También Elenita acabó por quedarse dormida. Elena no regresaba. Reinaba horrible silencio afuera y apenas el silbido de1 aire en la cumbre de los árboles se oía de momento en momento. Por fin un hombre entró por la puerta abierta, y se acercó a donde Juan.

—¿Qué haces a estas horas dormido en la mesa? Hijo infeliz, hijo infeliz, hijo ingrato, desgraciado. ¿Dónde está tu madre? Dime ¿dónde está Elena?

—No sé. Ya debe estar en la cama...

—¿En la cama? Dime dónde está, vos sabés. El padre agarró al hijo del cuello y estuvo a punto de estrangularlo, tal era la cólera.

—Dime la verdad, dime la verdad, vos engañás a tu padre. ¡Vos, hijo ingrato! ¿Esperando a tu madre, vos...? Y yo sigo como si no tuviera ojos. ¡Ah, qué cobarde y qué tonto soy yo... Ramón González! Y Elenita pretendiendo que Elías viene donde ella...ajá... vos, hijo miserable, dejando que tu madre nos llene de vergüenza. Señor, ¿por qué no lo supe antes? Y yo tan bruto y tan inocente como un niño. Y mi hijo y mi familia, todos arruinándome a mí... al pobre estúpido Ramón... ¡Oh Dios!... ¡por Dios!... Hijo infeliz, desnaturalizado... (Ramón volvió a agarrar a Juan del cuello y lo estremeció nuevamente. En ese momento la puerta se abrió como por un rayo y Elena apareció en ella).

—¿Qué estás haciendo con él, Ramón? ¿Qué te ha hecho el pobre muchacho?

—¡No me hables ni una sola palabra, mujer! Lo voy a golpear más, le he pegado y le voy a volver a pegar... ¡No sabes que Juan ha salido a vos, tan miserable y sucio como vos! Le voy a pegar a él porque no soy cobarde para meterme con mujeres.

—¡Si lo vuelves a tocar te mato, te mato Ramón! —dijo la mujer temblando de enojo. Mientras tanto Juan, cansado y arreglándose el cabello desordenado, logró retirarse a una esquina.

—Ahora andate para tu cama, vos —dijo Ramón, señalando a su hijo, con mirada de odio.

—Y si usted llega a tocar a mi mamá —dijo Juan con marcado atrevimiento.

—No me meto a pelear con mujeres porque no soy muñeco como vos.

—No vuelva a decirme eso —dijo Juan preparándose a la lucha con los puños.

—¡Si dices una palabra más, te rompo la cabeza, muchacho!

—Si pones los dedos en Juan tienes que ponerlos antes en mí —agregó Adela. Y luego dirigiéndose a su hijo, agregó:

—Hacé como tu padre te manda, hijo. Andate a acostar a tu cama.

Luego, después que Juan se había ido, Ramón se acercó a su mujer:

—El valor que tienes. Tan sinvergüenza, me preguntas a mí que por qué le pego a Juan. Dime de dónde vienes, en fin, no tienes que decirme nada, yo lo sé mejor que tú. ¿Cómo crees que lo supe? Allá en el rancho.

Los mismos mozos que tengo allá lo sabían y yo no:

¿Y don Ramón todavía no sabe nada?, decía uno. Qué hombre tan ciego. Buena jugada la que le hace ese Elías Avilez con la mujer y él no se da cuenta de nada. ¡Y hermosa mujer la que se ha echado aquel tonto! Tan pronto como él se viene para acá, ella se va pa juera.

Y yo, Ramón González, ciertamente soy un bruto: verdaderamente hasta esos tontos sabían lo que yo no sabía. Y sin embargo no lo querrás creer, tenía ganas de insultar a todos, pero primero quise ver la verdad, tenía mis dudas, a pesar de lo mala que sos, tenía mis dudas... Te digo la verdad, tenía fe, mucha fe en vos, la sinvergüenza, la embustera: rogándome que me quedara aquí, diciéndome que me quería aquí, la mentirosa, la sinvergüenza.

—Te he dicho la verdad, Ramón. Cada palabra que te he dicho es cierta. Cada palabra amorosa que te he dicho es cierta, Ramón.

—Te debería matar por eso, porque estás corrompiendo a las criaturas.

—¿Y qué vas a hacer, Ramón?

—¿Que qué voy a hacer? Te voy a ir a tirar lejos para que no puedas envenenar esa muchachita con tu ejemplo. ¿Qué voy a hacer? Te debería matar, pero me das lástima, me conformo con ir a tirarte lejos para que tus hijos pierdan todo amor para vos...

—Por Dios Ramón, ¿cómo vas a separarme de mis hijos?

—¡Callate! Ahora mismo, esta noche te llevo donde tus padres, ya no te quiero aquí, que te mantengan ellos. Ahí tengo los caballos para llevarte. Tú no gastas ni una noche más aquí, sinvergüenza.

—Ramón, Ramón, piensa que hay un Dios que te está mirando.

En este momento, Juan asomó la cabeza por la puerta entreabierta con los ojos asustados:

— Qué va a hacer con ella? —le preguntó al padre agresivamente.

—Nada Juan, hijo mío, no te preocupes más por mí, andate a acostar —dijo Adela llorando. Luego volviéndose a su esposo:

—Ramón piensa que hay un Dios, no seas cruel. Acordate de nuestros hijos: ¿qué podrían decir ellos cuando no me encuentren mañana?

—Sí, sí, mucho pensabas en tus hijos, sinvergüenza. Todo el pueblo hablando de eso.

—Lo hubiera sabido, lo hubiera sabido—dijo Adela, llorando lastimosamente.

—Y meterse con un muñeco, con ese pichingo de Avilez, ese sucio y vago que jamás ha hecho nada. ¡Qué vergüenza! ¿Y tan malvada que sos, ¿no me dijiste que él venía de enamorado de Adelita? Vos, mi espos...sa...

—Por Dios Ramón, dame valor para explicártelo todo, mañana te lo voy a decir, te lo voy a decir todo, todo... verás que no soy culpable.

—Callate, mujer sucia, vos no tenés nada que decirme a mí. (Elena quiso acercarse para hablarle de cerca, pero le dio miedo y se retiró al otro lado de la mesa).

—Amonós, arriba ¡qué caramba! no tengo que andar con paciencias. ¡Vamos! empaquete sus cachivaches y nos vamos ya, no la quiero ver más aquí mujer sinvergüenza, malagradecida... indigna de mí y de mis hijos. Vamos, mañana le diré a Juan y a Elenita cualquier mentira, les diré que tu padre estaba enfermo, vamos, ¡qué caramba!, me da asco verte la cara.

V

Un día después la madre de Adela oía lo que ésta le decía con la atención propia de las madres. Ella, la madre, se había formado sus sospechas desde que había visto llegar a Adela. Siempre había tenido cierto temor de Adela, porque además conocía la clase de marido que le había tocado. Su hija había tenido una psicología extraña desde muy pequeña. Su extraña conducta se había visto al mismo tiempo en que sufría una fiebre de desarrollo físico. Luego había empezado a sufrir mucho de jaqueca, de histeria, de los nervios... y de una extraña inquietud que por fin había concluido con Ramón. Pero últimamente los mismos síntomas se habían vuelto a desarrollar en ella. Penosamente, pero con verdad, la hija habló de todos los detalles a la madre, pero ya la madre sabía todo desde antes. Ella, Adela, había sufrido hasta donde le había sido posible. Algunas veces —contra su propia voluntad— se había introducido aquella llamarada de fuego en su cuerpo. Ella no podía ser culpable, siquiera ahora. Además, ella estaba segura de que no amaba ni nunca había amado a Elías Avilez. También estaba segura que él no la amaba ni la había amado nunca. Y sin embargo, ellos habían sentido la mutua necesidad el uno del otro... Una impetuosa y misteriosa fuerza los había colocado juntos. Antes de eso ella había sufrido terriblemente y ahora ella volvería a sufrir. Y sin embargo ella no era culpable. Para con Dios su conciencia estaba tranquila. Como simple mujer también no tenía culpa. La pasión la había quemado horriblemente en todo el cuerpo... ella no era culpable: sólo era una víctima. Además, nadie la había ayudado, su propio marido no la había ayudado. Su marido la había abandonado. Ella en vez de odio, infundía lástima. Y ahora, después de la caída, de la natural caída, de la terrible caída —en su propio dolor descansaba—reposaba como si volviera de un largo viaje.

VI

Habían pasado tres días desde la partida de Adela. Ramón González, olvidado de sus propiedades, descorazonado, se había dedicado a consolarse él mismo y a consolar a sus hijos. Adelita había pasado llorando todo ese tiempo. Ramón le había dicho que su abuelita estaba grave y que su madre se había ido a verla. Pero Ramón sufría horriblemente, sobre todo por el dolor de Adela, a quien adoraba. Y muchas veces por atender a su hija se olvidaba de su propia pena. Habían pasado tres días y comían ellos juntos cuando, súbitamente, se abrió la puerta de la calle y Adela apareció en ella. Aquella Adela que apareció allí, no era la misma que se había ido llorando en medio de humillaciones.

—Mi abuelita Marta, ¿cómo sigue mi abuelita? (Adela, sin contestar a su hija, alzó la cabeza y clavó los ojos a su marido). ¿Te vas a volver a ir, mamá? —le volvió a preguntar Elenita.

—No, no me voy a volver a ir —contestó la madre. Luego, dirigiéndose a sus dos hijos:

—Salgan ustedes, quiero hablar sólo con Ramón.

La cólera de la mujer era más grande y tal vez más sincera que la de él. Juan y Adelita, sin decir una palabra salieron sorprendidos al corredor de la casa.

—Aquí me tienes de nuevo, Ramón —le dijo ella—. Y no me voy, aunque lo quieras vos. Aquí me voy a estar junto a mis hijos. ¿Lo oís bien? Desde que me arrojaste de tu casa he estado pensando. No he hecho nada más que pensar. De día, de noche, a todas horas. Yo he estado pensando. No he hecho otra cosa más que pensar. ¿Dime Ramón, quién te dio hijos? ¿No he sido yo una buena madre? ¿Quién ha sido tu compañera durante 16 años? ¿Quién te ha salvado la vida en dos veces? ¿Quién te ha arreglado esta casa? ¿Estos años, estos largos años de dolor y trabajo no valen nada? Y a vos, Ramón, ¿quién te ha juzgado de tus malas acciones? ¿Quién te ha juzgado a vos? ¿Que por qué sos hombre nadie te ha juzgado?... ¡ja ja...ja!... Eso es lo que los hombres piensan, pero eso no es justo.

No se me olvida cuando me abandonaste por tres semanas, cuando Juan estaba recién nacido. Y esas tres semanas las pasaste con una mujer... No se me olvida eso. Vos me rogaste que te perdonara. Y luego otras muchas veces. Yo sufrí mucho, pero sabía que me amabas y que eras buen padre y trabajador. Y nunca, nunca te dije nada de eso. Y ahora, ¿has estado bien en estos días en que he estado lejos? Yo pensaba en las dificultades de ustedes solos aquí, con la casa y también pensaba esto: ¿que si tenías derecho en arrojarme del hogar que yo he formado? Siendo cierto lo que te he dicho, ¿tienes vos derecho a arrojarme?

—Es diferente con los hombres... (La cólera de él había huido ante la magnificencia de ella).

—Es diferente con los hombres? ¡Jajaja!... No me vuelvas a repetir eso, Ramón. No es diferente con ciertas mujeres. (Adela desde niña había ido a la escuela y era muy leída, además, siempre había tenido una altivez y una independencia muy rara en la gente de nuestra raza, es decir, entre las mujeres. Ramón, por el contrario, era débil y poco leído; además, no sólo amaba, sino que admiraba a Adela y Adela lo sabía). ¿Me entiendes? No es diferente con ciertas mujeres. ¡Vos lo sabés bien Ramón, por Dios! Yo soy diferente, vos lo sabés. Hay muchas mujeres, muchas, muchas que caen como los hombres... ¿No crees que te he hablado con claridad? ¿No es cierto que siempre te suplicaba que te quedaras conmigo? No te acuerdas de eso. ¿Por qué no te quedaste en la casa? Si me conocías bien, ¿por qué no te quedaste? Tú sabías bien cómo me sentía. Oye, Ramón, lo que ha pasado ha sido el resultado de tus hechos. Yo no soy una mujer como todas y vos lo sabías desde que nos casamos... ¿te acuerdas, Ramón? Y vos tan ingrato y cruel, quisiera que supieras cómo me sentía cuando te suplicaba que te quedaras, vos me contestabas con burla: "deberías tener un atajo de maridos, mujer" ... ¡Ah, cruel! Si supieras cómo me dolía eso. Yo no tengo culpa. Dios me hizo de ese modo y no tengo culpa ninguna... Y ahora yo vengo a mi propia casa... donde mis hijos. Quiero que me eches afuera, si puedes. No me eches la culpa a mí, Ramón. La culpa la tenés vos. Todas las madres de la tierra tienen derecho a vivir con sus hijos bajo un mismo techo, ¿me comprendés? Todas las madres tienen derecho a sus propios hijos y yo tengo derecho a los míos... ¡Y no me culpes, Ramón! Si vuelves a culparme le hablaré a nuestros hijos para que ellos te juzguen...